LLUVIA DE CLARIDAD

Etapas del Camino a la Iluminación
En la tradición Sakya

por

LAMA JAMPA THAYE

Según traducción de Shanti Gordi

Ediciones Amara. Ciutadella de Menorca

Publicado por vez primera en español en el 2009
por Ediciones Amara. Ciutadella de Menorca.

Título original: *Rain Of Clarity. The Stages of the Path in the Sakya Tradition.*

© de Ganesha Press LTD.
© de esta traducción 2008 Shanti Gordi
© Coordinador de la traducción: Isidro Gordi
© Diseño de la portada: Federica Mahieu
© Diagramas de Deidades interiores: Rana Lister

ISBN: 978-84-95094-32-2
Depósito legal: B. 3.194-2009
Romargraf, S.A.
L'Hospitalet de Llobregat.

A S.S. Sakya Trizin y
Karma Thinley Rinpoche,
Mis Maestros de refugio.

Contenido

Ilustraciones

Prólogo de S.S. Sakya Trizin

His Holiness
Sakya Trizin
HEAD OF THE SAKYAPA ORDER
OF TIBETAN BUDDHISM

Dolma Phodrang
192 Rajpur Road,
P.O. Rajpur 248009
Dehra Dun U.A. INDIA

Durante algún tiempo, Lama Jampa Thaye procuró, a través de sus enseñanzas y escritos, que el Dharma llegase a los devotos occidentales de modo que les ayudase a poner en práctica los principios de la filosofía budista en sus vidas. Es un placer presentar su último esfuerzo en propagar el Dharma.

Este trabajo pretende abrir la puerta que lleva al pensamiento budista como base para una vida saludable y espiritual. En él, Lama Jampa Thaye cubre el sendero budista desde la toma de refugio inicial hasta las profundas enseñanzas de Vajrayana. Él aborda los objetos del refugio budista —las Tres Joyas—, el desarrollo de la correcta motivación —bodhichita—, los principios del comportamiento en el sendero —las seis perfecciones—, la visión correcta —la comprensión de la vacuidad—; y concluye con una introducción al vehículo del vajrayana. A través de esta enseñanza, el estudiante recibe un plano completo para entrar en el sendero, mantener los votos y la motivación que conducen a una mejor y más virtuosa vida y, finalmente, un camino hacia la liberación.

Lama Jampa Thaye presenta las enseñanzas budistas bajo la luz del pensamiento moderno científico y la vida contemporánea. Esto hace que el trabajo sea más útil para el nuevo practicante, creando un puente entre su entendimiento actual y el profundo Dharma.

Finalmente, me gustaría elogiar a Lama Jampa Thaye por el infatigable entusiasmo y esfuerzo que ha dedicado a la noble causa de hacer que el Dharma esté al alcance de aquellos que están realmente interesados en él, y animarle a que siga con su magnífico trabajo.

Su Santidad Sakya Trizin
Sakya Dolma Phodrang, Rajpur, India
31 de Mayo, 2005

Prólogo de Karma Thinley Rimpoché

Este libro, escrito por el Maestro de Eruditos, Jampa Thaye, trata de los distintos principios y prácticas de los tres vehículos basados en la visión de Shri Sakya. Puesto que reportará grandes beneficios a estudiantes serios de sutra y de las doctrinas del mantra, pido que se lleve en el corazón.

Esto fue escrito el primer día de Abril por el llamado Cuarto Karma Thinley, en Londres, la gran ciudad adornada con abundante bondad. Que la virtud crezca.

Introducción

Manyushri, bodhisatva de la sabiduría.

Hoy en día hay un interés considerable en la escuela de budismo Sakya pero, lamentablemente, solo existen en lenguas occidentales un número limitado de libros de esta tradición y sus enseñanzas espirituales. Este libro ha sido escrito para introducir a un público moderno los puntos principales del sistema Sakya de exposición y práctica.

La tradición Sakya toma su nombre de un monasterio fundado en Sakya, suroeste del Tibet, en 1073 por Könchok Gyalpo del clan Khön, una influyente familia que previamente se habían afiliado a la tradición budista, Nyingma. Como resultado de la desilusión de su familia a causa de los errores que habían empezado a afectar a la práctica budista contemporánea en Tíbet, Könchok Gyalpo estudió los "nuevos tantras" con el traductor Drokmi Lotsava, uno de los más influyentes eruditos tibetanos de aquel momento. Posteriormente, la escuela Sakya tomó forma definitiva a través de los "cinco venerables Maestros", Sachen Künga Nyingpo (1092-1158), Lopön Sönam Tsemo (1141-1182), Jetsun Dragpa Gyaltsen (1147-1216), Chöje Sakya Pandita (1182-1251) y Chögyal Phakpa (1235-1280). Sus esfuerzos aseguraron que la tradición Sakya se enriqueciera con un amplio abanico de enseñanzas de sutra y del mantra del budismo indio. Desde entonces, la tradición y sus dos mayores subdivisiones, Ngor y Tsar, se ha visto adornada por muchos otros eruditos consumados y meditadores como Ngorchen Künga Zangpo (1382-1456), Tsarchen Losal Gyamtso (1502-1566) y Jamyang Khyentse Wangpo (1820-1892). A través del trabajo de dichos lumbreras, la escuela Sakya ha ejercido una enorme influencia en el desarrollo de la vida religiosa, política y cultural en el Tibet y en otros lugares.

El cabeza de la tradición Sakya sale de la línea masculina de la familia Khön. El cabeza actual, Su Santidad Ngawang Künga Thegchen Palbar Sampel Wanggi Gyalpo (1945-), saluda desde la rama del Palacio Dolma de la dinastía y es el 41 Sakya Trizin ("sustentante del trono de Sakya"). En el exilio del Tíbet, Su Santidad estableció su principal sede en Rajpur, en el norte de la India. El actual cabeza de la rama del Palacio Phuntsok de la familia Khön, es H.E. Sakya Dagchen Rinpoche (1929-), quien actualmente reside en los Estados Unidos.

Capítulo primero:

Tomar Refugio en las Tres Joyas

Noble Sakyamuni Buda.

El fundamento de la práctica espiritual es la existencia en el interior de todos los seres de la "naturaleza de Buda". Esto es lo que motiva al individuo a ir en pos de la liberación y la Iluminación. Como dijo Maitreya:

Si no existiese la naturaleza de Buda, no habría descontento
con el sufrimiento, tampoco deseo, esfuerzo o aspiración
por el Nirvana.[1]

Esta innata disposición para alcanzar la Budeidad no es otra que la naturaleza primordial de la mente de uno mismo. Sin embargo, la mente está cubierta por dos obscurecimientos, en primer lugar están las emociones aflictivas y en segundo lugar la ignorancia con respecto a la realidad última. No obstante, a pesar de estos factores, la mente se mantiene fundamentalmente pura ya que, al ser temporales, los obscurecimientos no forman parte de su verdadera naturaleza. En consecuencia, cuando la mente se encuentra con los métodos hábiles del sendero espiritual, uno se motiva para la práctica, los obscurecimientos son progresivamente extirpados y el estado de la Budeidad, la Iluminación suprema, aparece.

Se entra en ese camino por medio de la ceremonia de la "toma de refugio en las Tres Joyas", es decir, el Buda, el Dharma y la Sangha. En este ritual, uno se convierte en miembro de la comunidad (Sangha), que practica las enseñanzas (Dharma) impartidas por el supremo y consumado Maestro (Buda) y, a partir de ese momento, uno confía en las Tres Joyas para refugiarse de los tres niveles de sufrimiento: el sufrimiento de la miseria, el del cambio y el de estar condicionado. Como dijo Lopön Sönam Tsemo:

> Se llama refugio porque protege de los obstáculos,
> miedos y sufrimiento.[2]

La importancia de designar al Buda, al Dharma y a la Sangha como las "Tres Joyas" es que, como las piedras preciosas, poseen rareza y son sublimes. Respecto a eso, Maitreya las describe de la siguiente manera:

> El que acontezcan es raro; están libres de la contaminación;
> Poseen poder; son el adorno del mundo;
> Son sublimes y no cambian;
> Así pues, son raras y sublimes.[3]

Hay cinco factores principales implicados en el acto de tomar refugio:

1. La motivación para tomar refugio.
2. Los objetivos por los cuales se toma refugio.
3. El método de la toma de refugio.
4. El entrenamiento que precede a la toma de refugio.
5. Los beneficios de tomar refugio.

Además, un esbozo del voto de pratimoksha se añade a estos cinco temas, ya que quienquiera que haya tomado refugio esta cualificado para recibir este voto.

1. La motivación para tomar refugio

Se dice que hay tres motivaciones para tomar refugio: el miedo, la fe y la compasión. Como dijo Ngorchen Könchok Lhündrup:

> Para empezar, las tres causas de la búsqueda del refugio
> son el miedo, la fe y la compasión.[4]

A. Miedo

Puesto que la característica básica de la existencia en el ciclo del nacimiento y la muerte es el sufrimiento a causa de las emociones aflictivas y de su actividad kármica resultantes, uno toma refugio en las Tres Joyas, que son los únicos objetos que proporcionan una fiable protección de dicha miseria. Gyaltse Thokme Zangpo dijo:

> Si incluso él está atrapado en la prisión del samsara,
> ¿qué dios mundano tiene el poder de dar refugio?
> Por lo tanto, cuando se busque la protección,
> tomar refugio en las Tres Joyas que no engañan
> es la práctica del hijo de un Conquistador.[5]

B. Fe

Tres tipos de fe conducen al individuo a tomar refugio en las Tres Joyas: fe clara, fe de la aspiración y fe de la convicción. La fe clara es la inspiración que uno experimenta al contemplar representaciones de las Tres Joyas o escuchando las cualidades de Buda y su enseñanza. La fe de la aspiración es el serio deseo de adquirir esas cualidades; y la fe de la convicción es estar seguro de la verdad de las enseñanzas de Buda sobre la acción, la causa y el efecto, las Cuatro Noble Verdades del sufrimiento, su causa, el cese del sufrimiento y su causa, cuya doctrina constituye la base esencial del Dharma.

C. Compasión

Uno toma refugio con compasión cuando, al entender que el dolor afecta a todos los seres, desea asistirles confiándose de la ayuda de las Tres Joyas. Sin embargo, uno no debe confundir esta altruista motivación de tomar refugio con la generación de la bodhichita, el núcleo del Vehículo Mayor, que discutiremos más tarde. Como Lopön Sönam Tsemo decía:

> Si uno pregunta si tomar refugio y generar bodhichita son
> cosas distintas, la respuesta es que sí lo son, porque la
> bodhichita es la promesa de alcanzar la iluminación para el
> beneficio de los demás.[6]

2. Los objetos en los cuales se toma refugio

Como ya se ha mencionado, los objetos en los que uno toma refugio son: el Buda, el Dharma y la Sangha. Sin embargo, puesto que el Dharma fue expuesto por el Buda según dos distintas presentaciones, el Vehículo Menor y el Mayor, hay dos maneras de explicar la naturaleza de las Tres Joyas.

En el Vehículo Menor, la joya del Buda es sinónimo de Buda Sakyamuni, el Sabio de los Sakyas. La joya del Dharma es doble: "el dharma de la tradición de las escrituras", enseñada por el Maestro Buda —que consiste en las tres "cestas" de escrituras, llamadas vinaya (disciplina), abhidharma (enseñanza superior) y sutra (discursos)—, y el "dharma de la realización", que consiste en las verdades del cese del sufrimiento y el sendero al cese. La joya de la Sangha incluye la "Sangha ordinaria", que consiste en cuatro o más discípulos ordenados, y la "noble Sangha", que se refiere a aquellos que han logrado el nivel de un "ser noble", aquel que, como indica su nombre, ha cortado definitivamente su conexión con el samsara.

En el Vehículo Mayor, la joya del Buda incluye el dharmakaya ("el cuerpo verdadero"), por el cual uno logra el beneficio propio, y el rupakaya ("el cuerpo de la forma"), por el cual se logra el beneficio de los demás. Como ocurre en el Vehículo Menor, la joya del Dharma comprende la "tradición de la escritura" y la de la "realización". Sin embargo, aquí, la tradición de la escritura incluye las extensas disertaciones en las cuales el Maestro Buda expuso el Vehículo Mayor. La joya de la Sangha comprende la "noble Sangha" y la "Sangha ordinaria". En este vehículo, la "noble Sangha" incluye no solo a aquellos que han logrado uno de los estados de ser noble en los senderos del Vehículo Menor —el shravaka ("discípulo") o pratyekabuda ("realizador solitario")—, sino también a aquellos que han conseguido uno de los diez niveles del sendero del bodhisatva del Vehículo Mayor. La Sangha ordinaria la constituyen todos aquellos que han tomado refugio antes que uno mismo.

Es más, de entre estas Tres Joyas es la Joya del Buda la que constituye el objeto definitivo del refugio. Esto es así porque un Buda posee el dharmakaya, como resultado de su comprensión de la verdadera naturaleza de la realidad. La joya del Dharma es, en cambio, únicamente el medio de lograr esta experiencia, y la Sangha consiste en aquellos que están siguiendo el sendero del Dharma. En este punto el Maestro Maitreya declaró:

> El Dharma será abandonado y es de una inestable
> naturaleza. No es definitivo y la Sangha todavía siente temor.
> Así pues, los dos aspectos del Dharma y la Noble Asamblea
> no representan el supremo refugio, el cual es constante y
> estable. En última instancia, solo el Buda es el refugio de los
> seres, puesto que el Gran Sabio posee el dharmakaya y la
> Asamblea logra su objetivo último allí.[7]

Como adición a esta explicación sobre los objetos del refugio debe ser destacado que en el vajrayana, el extraordinario sendero que forma parte del Vehículo Mayor, el Lama que concede las requeridas iniciaciones, transmisiones e instrucciones, es considerado la personificación de las Tres Joyas. Como se dice en los tantras:

> El Lama es el Buda; el es el Dharma.
> También, el Lama es la Sangha.
> Todas sus actividades son el Lama.[8]

Sakya Pandita dijo:

> Independientemente de lo bueno que sea,
> Un Maestro que pertenece a la tradición shravaka
> Es solo una persona ordinaria, mientras que,
> Uno del sistema de las perfecciones es, si es bueno,
> La joya de la noble comunidad.
> Un Maestro excelente del sistema de los mantras
> No es otro que las Tres Joyas.[9]

También se enseña en el vajrayana que el Lama, el yidam y la dakini constituyen el "refugio interior". En este respecto, el Lama que concede enseñanzas es la "raíz de las bendiciones"; la deidad yidam sobre la que uno medita es la "raíz de los sidhis"; y las dakinis, cuya inspiración acompaña a uno en el sendero, son la "raíz de las actividades".

3. Método

La primera vez que uno toma refugio es cuando se participa en la ceremonia conducida por nuestro Lama o algún miembro mayor de la Sangha. El ritual en sí se extrae del vinaya, siendo el Maestro Buda quien instituyó el refugio como modo inicial de entrada en la Sangha.

En esta ceremonia uno toma refugio en el Buda como Maestro, puesto que él es "supremo entre los humanos", en el Dharma como nuestro sendero, puesto que es "supremo en su libertad del apego", y en la Sangha como nuestro compañero en el sendero, puesto que es "supremo de entre todas las asambleas". Es más, aquí en la ceremonia "común" uno toma refugio "hasta el final de esta vida", pero después en el refugio extraordinario, que debe preceder al ritual de generación de la bodhichita en la ceremonia de los votos de bodhisatva, uno tomará refugio "hasta el logro de la esencia de la Iluminación". Sobre este punto, Sakya Pandita dijo:

> El refugio mundano se toma simplemente por el beneficio propio y la felicidad en esta y en futuras vidas, no solo hasta la esencia de la Iluminación o incluso mientras uno viva. Los shravakas y pratyekabudas toman refugio mientras duren sus vidas pero no hasta la esencia de la Iluminación. Los bodhisatvas toman refugio hasta que obtienen la Iluminación.[10]

4. Adiestramiento

Después de tomar refugio, uno debe evitar tres acciones negativas, no hacerlo podría ser contradictorio a la naturaleza de las Tres Joyas. El "gran precursor" Asanga describe estas acciones de la manera siguiente:

> Quien haya tomado refugio en el Buda no debe tomar refugio en otros dioses; quien lo haya tomado en el Dharma no debe herir a otros seres; quien lo haya hecho en la Sangha no debe reverenciar a los seguidores de otros sistemas.[11]

A pesar de la contundencia de este mandamiento, uno se podría preguntar si el refugio se debe dar a seguidores de otras religiones. Dicha acción sería equivocada, puesto que un seguidor de una tradición teísta toma refugio en su divinidad particular y no en Buda, "Maestro de Dioses y hombres". El mismo punto es igualmente aplicable a la noción de que, por ejemplo, uno pueda ser budista y cristiano a la vez. Solo alguien para el cual la razón y las palabras no tengan ni sentido ni valor podría afirmar tal cosa, ya que hay un inabordable hueco entre la negación budista de un creador y la afirmación, común en todas las tradiciones teístas, de que dicho creador realmente existe. Puesto que estas dos visiones no pueden ser simultáneamente ciertas, uno no puede ser budista y católico simultáneamente. Huelga decir que esto no contradice a la obligación de ser amable con todos los seres y apreciar cualquier virtud de otros sistemas religiosos o filosóficos.

Para poner en práctica el aspecto positivo del adiestramiento, uno debe recitar los versos del refugio un mínimo de siete veces cada día, hacer ofrecimientos a las Tres Joyas y siempre mostrar respeto a los objetos que las representan, como imágenes, textos y escrituras y los colores de las ropas monásticas. Dichas prácticas constituyen el entrenamiento más básico.

Sin embargo, aquellos que deseen progresar más rápidamente en el sendero precisan de un entrenamiento más extenso. Esto implica el triple proceso de escuchar el Dharma, reflejar sobre su significado y meditar para experimentarlo. Sakya Pandita resumió este entrenamiento de la siguiente manera

> En resumen, debes escuchar, pensar y meditar en las enseñanzas impartidas por el Buda, compiladas por sus discípulos, practicadas por los sidhas, expuestas por grandes eruditos, traducidas por cualificados traductores y enseñadas por habilidosos Maestros. Cualquier otra enseñanza, aunque parezca de lo más profunda, no es el verdadero Budadharma y no está en condiciones para ser objeto de escucha, pensamiento o meditación.[12]

Para aquellos que no están seguros de lo que debe ser aceptado como enseñanza del Buda, el Noble Maitreya, regente de Sakyamuni, dio la siguiente definición:

> Cualquier discurso que tenga sentido y esté bien conectado con el Dharma,
> Que elimina todo tipo de contaminación de los tres reinos y muestra los beneficios de la paz,
> Es el discurso del Sabio, cualquier otro discurso que difiera de esto, es de otro.[13]

Del mismo modo, uno debe hacer caso de las palabras de Maitreya en lo que se refiere a lo que ha de ser aceptado como comentario autorizado:

> Lo que se haya explicado con una mente no distraída
> Exclusivamente bajo la luz de las enseñanzas del Conquistador
> Y que conduce hacia el sendero que lleva a la liberación,
> Se debe reverenciar como la palabra del Sabio.[14]

Mientras que los Sutras y los Tantras expuestos por el Buda son las auténticas fuentes de las enseñanzas, uno debe confiar exclusivamente en el razonamiento inferencial y en las experiencias directas como el medio de adquirir certeza en la verdad de dichas enseñanzas. Con respecto a esto, el Budadharma se aparta de aquellos sistemas religiosos que afirman que sus escrituras son infalibles y, en consecuencia, inmunes al razonamiento. Por lo que respecta a la naturaleza y el papel del razonamiento, Mipham Rinpoché dijo:

> Con la ciencia de la lógica, uno llega a conocer la manera en la que ciertos predicados son establecidos o no, en base a una cierta prueba.[15]

Sin embargo, aquellos que reclaman el manto budista pero a su vez proponen visiones directamente contrarias a las enseñanzas del Buda no son merecedores de respeto como exponentes del Dharma. Ellos se beneficiarían escuchando el siguiente mandamiento del Noble Maitreya.

> No hay nadie en este mundo más capacitado en el Dharma que el Conquistador.
> Nadie más tiene tanta sabiduría, lo conoce todo sin excepción y la realidad última del modo en que existe.
> Así pues, uno no debe distorsionar los discursos presentados por el Sabio,
> Puesto que esto puede destruir el modo de enseñar del Sabio y, además, causar dolor al sagrado Dharma.[16]

Si, por ejemplo, alguien niega la verdad sobre el renacimiento, estará en contradicción con las propias palabras del Buda sobre este tema. Es más, dicha noción errónea puede que esté en contradicción con la totalidad de las enseñanzas del Buda, sea la preciosidad del nacimiento humano, la validez del karma y la moralidad, la finalidad de la carrera del bodhisatva y la posibilidad misma de alcanzar la Budeidad.

A propósito, debería ser mencionado que el razonamiento que establece la realidad del renacimiento es bien conocido por los eruditos del Dharma. Grandes Maestros como Dharmakirti han expuesto la imposibilidad inherente en las teorías materialistas del origen de la consciencia que afirman, contradiciendo la razón, que una causa material y no consciente puedan generar un efecto no material y consciente. A través de este inmaculado razonamiento, solo quedará el renacimiento como explicación adecuada al respecto del fenómeno de la consciencia. Como decía Mipham Rinpoché:

> Puesto que la consciencia presente se manifiesta y
> continua a partir de la previa consciencia –su propia causa
> perpetuadora–, es imposible que pueda surgir de la materia
> sin su propia causa perpetuadora. Esto sería como
> un brote que surge de una piedra o que la luz naciera
> de la oscuridad.[17]

En relación a la transmisión del Dharma, como Sakya Pandita sostiene, uno recibe las enseñanzas de las escrituras de la joya del Dharma directamente de "Maestros habilidosos". Por esta razón, incluso cuando uno no puede obtener una detallada explicación de su propio Maestro sobre un texto en particular, uno debe como mínimo intentar obtener la "transmisión leída" (Tib. Lung, Skt. Agama) de él, ya que esto transporta la bendición inherente en la enseñanza. Sobre este sujeto debería decirse que no se requiere el mismo secretismo en los textos no tántrico como en los tántricos, no obstante, la bendición inherente en los textos no tántricos se transmite a través de transmisiones leídas.

La importancia de recibir transmisiones leídas viene demostrada por las grandes odiseas por las que han pasado los Maestros para recibirlas, como uno puede ver en historias como la de los *Anales Azules* de Gö Lotsava y las meticulosas historias que surgen en ellos, donde se enumeran las transmisiones leídas y las iniciaciones que han recibido. Sobre este asunto, Sakya Pandita comentó lo siguiente:

> Una nariz artificial, un hijo comprado, joyería prestada,
> bienes robados y aprendizaje sin profesor.
> Aunque uno pueda poseer estas cinco cosas,
> no son estimadas por los demás.[18]

5. Beneficios

Los beneficios de tomar refugio se dividen en dos: temporales y últimos. El principal beneficio temporal es que a partir del momento de tomar refugio uno es protegido del dolor, en esta vida y en el transcurso de las existencias futuras. Las deidades que guardan las cuatro direcciones del mundo llamadas, Dhritarashtra, Virudhaka, Virupaksha y Vaishravana, prometieron a Buda que proporcionarían protección a todos aquellos que tomasen refugio en las Tres Joyas. Es más, Buda mismo declaró que ninguno de sus seguidores carecería de las necesidades básicas para la vida.

El beneficio último, según el Vehículo Menor, es que al tomar refugio uno finalmente adquiere el nivel de un arhat que ha obtenido la liberación del samsara siguiendo el sendero de un shravaka o un pratyekabuda. Según el Vehículo Mayor, el beneficio último es que uno logrará el estado de un Buda, una fuente de beneficio y bendición para todos los seres.

El Noble Buda declaró en el *Sutra Saddharmapundarika* que los logros antes mencionados de aquellos que estén en el Vehículo Menor no son definitivos sino que son, simplemente, "posadas" en el camino del objetivo final, el cual es la Budeidad:

> Aquellos shravakas no han logrado el nirvana.
> Practicando concienzudamente el sendero del bodhisatva,
> lograrán llegar a la Budeidad.[19]

Apéndice: El voto pratimoksha

Al tomar refugio en las Tres Joyas, uno está cualificado para adoptar la disciplina de tres votos sucesivos, el mantenimiento de los cuales en la propia visión y conducta personal constituyen el fundamento del sendero. Estos tres votos son los votos pratimoksha ("liberación individual"), los del bodhisatva y los del vidyadhara. Los dos últimos serán tratados más adelante, pero es apropiado analizar el primer voto, puesto que es el que sigue al refugio.

Sin embargo, antes de proseguir, sería útil definir la naturaleza general de un voto en el Dharma. Mipham Rinpoché ofrece una concisa definición:

> Un "voto" es la promesa de implicarse en la virtud mientras uno viva.[20]

Es, pues, la promesa de actuar de este modo lo que distingue y da una fuerza especial y superior a la virtud llevada a cabo como resultado del voto, en contraste con la efectuada sin dicho voto.

Hay ocho tipos de votos pratimoksha: los de laico, laica, de mujer a prueba, monje novicio, monja novicia, monje y monja y el voto de la abstinencia temporal. Este último y los dos primeros pueden tenerlos las personas laicas pero los otros cinco pertenecen al que renuncia a la vida hogareña. En términos generales es apropiado caracterizar el voto pratimoksha como perteneciente al Vehículo Menor. Sin embargo, aunque una forma específica del voto pratimoksha en el Vehículo Mayor ya no sobrevive, cuando una persona, dotada de bodhichita –que es la esencia de ese vehículo particular–, mantiene una de las ocho disciplinas del pratimoksha, dicho voto se convierte, en la práctica, en el voto pratimoksha del Vehículo Mayor. Como dijo Sakya Pandita:

Por lo tanto, los rituales de hoy en día, enriquecidos por la bodhichita, deben ser llevados a cabo como en el sistema shravaka.
De este modo, los ocho tipos de pratimoksha se convierten en el pratimoksha del bodhisatva.[21]

Los distintos tipos de votos pratimoksha enseñados por el Buda en el siglo quinto antes de Cristo, estaban reunidos en el vinaya y posteriormente se transmitieron en cuatro diferentes linajes por las pioneras escuelas shravaka conocidas como la Sarvastivada, la Sthaviravada, la Mahasamghika y la Sammitiya. Posteriormente, dieciocho escuelas florecieron, cada una de ellas con su propio modelo de vinaya. Sakya Pandita lo explicó así:

Las cuatro comunidades fundamentales de los shravakas tenían cuatro distintos vinayas, y sus lenguajes canónicos también eran cuatro: Sánscrito, Prácrito, Apabhramsha y Paisachi. Las dieciocho escuelas que se desarrollaron después, tenían dieciocho vinayas.[22]

El vinaya que fue llevado al Tíbet posteriormente era el de la escuela Sarvastivada. La primera transmisión era conocida como el linaje "superior" y fue impartida por el gran abad Shantarakshita, quien enseñó en Tíbet durante el siglo ocho invitado por el rey religioso Trisong Detsen. Su segunda transmisión fue llamada el linaje "inferior" y esta línea se extendió a lo largo del Tíbet occidental en el siglo once por Lha Lama Yeshe Ö y los grandes Maestros de la escuela Kadam. La tercera y última transmisión se llamaba el linaje "kashmiri" porque fue impartida por el erudito de Kashmir, Hakyashribhadra (1140-1225). Fue según este linaje del vinaya que Sakya Pandita (1182-1251), el primero de los Maestros monásticos de la tradición Sakya, fue ordenado por Shakyashribhadra en persona. El voto pratimoksha del laico y laica, consiste en cinco normas de entrenamiento. Sakya Pandita las describió de la siguiente manera:

Se instruye a la persona hogareña a tomar refugio en las
Tres Joyas, para así convertirse en un seguidor laico que
mantiene el triple refugio y observa el voto de abstinencia
temporal. Entonces, gradualmente, toma el primer voto
de no matar, el segundo voto de no robar, el tercero
de no mentir y finalmente el cuarto y quinto son los del
abandono de cualquier mala conducta sexual y de la
intoxicación.[23]

Con respecto al voto pratimoksha de los que renuncian,
los monjes, aunque el número de normas a seguir difieren
entre los cinco tipos de personas que renuncian, el núcleo
de su voto es el compromiso de evitar las "cuatro derrotas",
ya que caer en cualquiera de ellas lleva directamente a la
expulsión de la Sangha de los que renuncian. Las derrotas
están expuestas en el *Sutra del Pratimoksha*:

Tomar la vida humana;
Coger lo que no te han dado;
Practicar el coito;
Afirmar falsos poderes espirituales.

Mientras los cinco preceptos del amo del hogar y las cuatro
derrotas de la persona que renuncia son suficientemente
fáciles de comprender, puede resultar útil hoy en día acla-
rar que, puesto que participar en un aborto es destruir una
vida humana, esto cae bajo la falta de la primera derrota de
la renuncia y la primera norma del entrenamiento de una
persona laica. En el *Sutra del Pratimoksha*, el Buda dijo:

Cualquier monje que intencionadamente, con sus propias
manos, destruya una vida o feto humano o vaya en busca de
un arma o de un cuchillo...y muriera por eso, ese monje...
debe ser expulsado.[24]

Jetsün Drakpa Gyaltsen reiteró este punto explicando que,
para que el acto de matar constituya una derrota para una

persona laica o una que renuncia, el ser humano cuya vida se le ha arrebatado

> ... debe tratarse de un ser humano
> en cualquier estado de desarrollo.[25]

El razonamiento detrás de esas declaraciones con autoridad es que la vida humana empieza cuando la consciencia se mezcla con el semen y el óvulo, en el momento de la concepción. Como dijo Jamyang Khyentse Wangchuk dijo:

> En la matriz estará el elemento blanco del padre, el rojo de la madre y, junto con la consciencia que viene del bardo, estos se mezclarán completamente en forma de un ser.[26]

En referencia al inicio de una nueva vida en el instante de clonar, debe remarcarse el hecho de que la manera en la cual la consciencia se convierte en persona debe ser el mismo que en el momento del proceso normal de la concepción. Lo diferente es que el código genético en la célula hembra (madre) ha sido borrado y el rol normal del esperma se toma de una célula de un cuerpo cuyo código genético se desea duplicar. En cualquier caso, la misma fusión de la consciencia y los elementos físicos tienen lugar, seguidos por la división celular a través de la cual, el nuevo ser humano empieza a madurar.

Así pues, la prohibición de quitar una vida es aplicable desde el momento de la concepción, sea por aborto, que como hemos visto el Buda condenó totalmente, o por experimentación embrionaria. Si bien esta última práctica es de reciente invención, debe ser rechazada por el mismo motivo que el aborto. Dicha experimentación, que incluye la búsqueda de células raíz extraídas de embriones humanos, aunque supuestamente por el beneficio de la humanidad, usa y destruye un ser humano, no importa lo joven o pequeño que sea, para beneficio de otro.

Uno puede entender a través de este ejemplo en particular que es esencial prestar mucha atención a las enseñanzas específicas del Buda, en lugar de asumir que, por ejemplo, el empleo moderno del término "compasión" tiene el mismo sentido que en el Dharma. Alguien podría, por ejemplo, confundir el sentimentalismo autoindulgente por la compasión abnegada enseñada por el Buda y declarar que el aborto es permisible si el bebé es discapacitado. Dejando a un lado la cuestión de quién ha de decidir qué es la incapacidad, una enseñanza fundamental del Buda es que, puesto que los seres estiman su vida, privarles de ella es una acción no virtuosa. Ciertamente, ya que el Buda prohibió a sus seguidores de animar a alguien que está sufriendo a acabar con su vida, cuán obvio es que matar a un bebe discapacitado es un acto no virtuoso.

No importa quien sea que justifique el quitar una vida en base a estos motivos espurios, no estaría de acuerdo con las enseñanzas del Buda. Sakya Pandita dijo:

> Un Maestro, también, debe ser percibido como Maestro
> si se ajusta a los sutras y los tantras.
> Sin embargo, sea Maestro o no, no le prestes atención
> si no enseña según las enseñanzas del Buda.[27]

El Despertar de la Bodhichita

Arya Nagaryuna.

Al igual que uno se convierte en budista después de tomar refugio, también se convierte en seguidor del Vehículo Mayor generando la bodhichita, la determinación de convertirse en un Buda para beneficio de todos los seres. Como dijo Jamyang Khyentse Wangchuk:

> El refugio diferencia este sendero de los senderos erróneos
> de los sistemas no budistas.
> La generación de la bodhichita lo diferencia de los senderos
> inferiores de los shravakas y los pratyekabudas.[28]

La esencia de la bodhichita es el vacío enriquecido con la compasión. Como tal, es la semilla que, una vez sembrada en la mente de uno, germina en forma de los niveles siguientes del camino del bodhisatva, el héroe cuya mente está centrada en la Iluminación y, finalmente, florece en la Budeidad cuando la sabiduría del vacío y la actividad de la compasión han alcanzado su máxima expresión. Chandrakirti describe su función del modo siguiente:

> Los shravakas y los pratyekabudas han nacido
> del Gran Sabio. Los Budas nacen de los bodhisatvas,
> y la compasión, la comprensión no-dual y la bodhichita
> son las causas de esos hijos de los Conquistadores.[29]

La bodhichita será analizada en las siguientes cinco partes:

1. La bodhichita convencional y última.
2. Los linajes del voto.
3. El ritual del voto.

4. El adiestramiento en la bodhichita.
5. Los beneficios de la bodhichita.

1. La bodhichita convencional y última

La bodhichita convencional es el compromiso altruista de convertirse en Buda para liberar a todos los seres de la existencia cíclica y sus tres tipos de sufrimiento. Se genera en la ceremonia del "voto del bodhisatva" en presencia de nuestro Maestro. La bodhichita última es la sabiduría trascendental no-dual con la que uno percibe directamente la vacuidad. Este segundo tipo de bodhichita no se despierta en realidad hasta el sendero de la visión, el tercero de los cinco senderos que traza el progreso a la Iluminación, y puesto que se trata de la experiencia de la naturaleza no-elaborada de la realidad, a diferencia de la bodhichita convencional, no puede producirse a través de un ritual. Como dijo Sakya Pandita:

> En resumen, la bodhichita convencional depende de otros
> pero la bodhichita última es la realización de cada uno.[30]

Uno podría preguntarse si es absolutamente esencial participar en el ritual del voto del bodhisatva para que crezca la bodhichita convencional. Realmente no es necesario en todos los casos porque la bodhichita puede desarrollarse de forma natural mostrando amor y compasión a todos los seres, teniendo fe en las Tres Joyas y en la posibilidad de iluminarse y no queriendo dañar a los demás. No obstante, el ritual del voto normalmente es la base de la generación de la bodhichita puesto que asegura que uno, a partir de entonces, guardará la bodhichita con la humildad y el respeto propio de aquel que ha entrado en el magnífico sendero del bodhisatva. Como dijo Löpon Sönam Tsemo:

> ¿Es posible que la bodhichita surja sin el ritual correcto
> o es imposible que pase eso? Si alguien dice que crece sin el

ritual, deja al ritual carente de sentido. Por otro lado, es exagerado declarar que solo puede surgir a través del ritual ya que, incluso con la ausencia del ritual, es posible que surja debido a otras condiciones.[31]

2. Los linajes del voto

Aquí estamos específicamente ocupados con la bodhichita del Vehículo Mayor. Sin embargo, debería saberse que un sistema para generar los votos concentrados en el logro de la Iluminación ha existido en el Vehículo Menor. Como dijo Sakya Pandita:

Existen dos tradiciones que generan la motivación:
La de los shravakas y la del Gran Vehículo.
Los shravakas conocen las tres determinaciones del arhat,
el pratyekabuda y el Buda.
Sin embargo, debido al declive de la tradición shravaka,
esos rituales casi nunca tienen lugar.[32]

En el Vehículo Mayor hay dos tradiciones con respecto al ritual para la generación de la bodhichita o, como se conoce generalmente, la "ceremonia del voto del bodhisatva". Estas dos son los linajes transmitidos en las escuelas de principios Chitamatra y Madhyamaka. La primera fue enseñada por el bodhisatva Maitreya y se extendió en la India a través del trabajo de Asanga, incomparable exponente de la filosofía Chitamatra. Este linaje del voto fue posteriormente esparcido en el Tíbet por Atisha y se mantuvo en la tradición Kadam, fundada por su estudiante Dromtön Gyalwai Jungnay.

El segundo linaje fue enseñado por el bodhisatva Manjushri y se extendió por la India gracias al "gran precursor" Nagarjuna y otros Maestros de la escuela Madhyamaka como Shantideva. El trabajo de este último, *Entrar en la carrera del bodhisatva,* es realmente la fuente del ritual tal y como se practica en la actualidad. Este linaje del voto ha sido preservado por la tradición Sakya.

La principal diferencia entre estos dos linajes reside en las cualificaciones de aquellos que tienen que recibir el voto. Según el sistema Chitamatra, los candidatos deben poseer uno de los siete tipos de votos pratimoksha (es decir, excluyendo el voto temporal de abstinencia). Atisha lo aclaró en la siguiente afirmación:

> Aquél que posee uno de los siete tipos de pratimoksha
> comparte la buena fortuna del voto del bodhisatva,
> los demás no. [33]

Sin embargo, en el sistema Madhyamaka esto no es un prerrequisito. Como dijo Sakya Pandita:

> Así como una semilla de arroz no crece en un sitio frío,
> la pretensión Chitamatra no emerge en una persona
> pecadora y, así como la cebada va a crecer tanto en sitios
> fríos o calientes, la pretensión Madhyamaka emergerá
> en todos los seres, sean o no pecadores. [34]

Llegados a este punto, uno debe notar que si después de iniciar el sendero del bodhisatva, entra en el extraordinario sendero vajrayana recibiendo una iniciación mayor de la deidad de un tantra yoga o un tantra anuttarayoga, uno también poseerá el voto pratimoksha junto con los votos del bodhisatva y vidyadhara. En el caso de un amo de casa, esto sería el pratimoksha de un seguidor laico.

3. El ritual del voto

Aquí se explicarán los elementos principales enseñados en el linaje Madhyamaka. El prerrequisito inicial es encontrar un Maestro adecuadamente calificado para dar el voto. Sönam Tsema explica dichas calificaciones de la siguiente manera:

El objeto en el que depender es el amigo espiritual que domina el Vehículo Mayor, se implica en la disciplina del bodhisatva y que no la abandonará aunque le cueste la vida. Además, él mismo ha recibido el voto, domina los medios para reparar y disciplinarse en su propio voto. [35]

Este voto dura hasta el logro de la Budeidad. Respecto a eso, el voto del bodhisatva difiere de cualquiera de los siete tipos de votos pratimoksha, cuya duración es hasta el final de esta vida. Por otro lado, el voto del bodhisatva no se deja en la muerte sino que continuará operando en vidas futuras.

El ritual empieza con los preliminares que incluyen el extraordinario refugio, es decir, uno toma refugio en las Tres Joyas hasta el logro de la esencia de la Iluminación. La parte principal de la ceremonia es la recitación de los versos que expresan las dos fases de la generación de la bodhichita. Así uno genera la "aspiración" de convertirse en Buda para beneficio de todos los seres, seguido inmediatamente por la "aplicación" de culminar los estados de la práctica que guía a ese objetivo. Shantideva distinguió estos dos aspectos de la bodhichita:

En resumen, debe comprenderse que la bodhichita
es de dos tipos:
La mente que aspira a despertar
y la mente que se aplica para hacerlo.
Tal como se comprende por la distinción entre aspirar
a ir e ir realmente,
Así, el sabio comprende la distinción entre estas dos. [36]

Los versos del voto tal como los elaboró Shantideva son los siguientes:

Al igual que los Sugatas previos dieron lugar a la bodhichita
e igual que siguieron sucesivamente las prácticas,
para el beneficio de todos los seres doy nacimiento
a la bodhichita y del mismo modo debo también seguir
las prácticas sucesivamente. [37]

La parte concluyente del ritual es regocijarse en los beneficios que la bodhichita conlleva para uno mismo y los demás. Al igual que los versos principales del ritual, los versos que expresan ese regocijo fueron redactados por Shantideva.

4. El adiestramiento de la bodhichita

El entrenamiento que sigue a la generación de la bodhichita es doble: preocuparse por mantener y fortalecer la aspiración y la aplicación.

A. *Aspiración*

Al concebir la ambición de lograr la Budeidad, uno descubre el sentido de la responsabilidad hacia todos los seres. En particular, en el voto uno ha hecho la promesa de liberarlos del sufrimiento. En consecuencia, dejar que esta aspiración se marchite por una carencia de seriedad sería una lástima. Como declaró Shantideva:

> Si, habiendo hecho dicha promesa,
> No la pongo a la práctica,
> Entonces, al haber engañado a cada ser vivo,
> ¿Qué tipo de renacimiento experimentaré?[38]

La primera causa que nos lleva a dejar de lado nuestra aspiración es el desaliento que proviene de dudar de la habilidad de uno para lograr la Budeidad. Para contrarrestar eso, uno debe recordar que el potencial para la Budeidad existe en todos los seres y que, lo que es más, incluso la más simple de las acciones virtuosas puede desencadenar una cadena de acontecimientos que conducen a la suprema Iluminación. Esa posibilidad está demostrada en la historia del niño que solo podía ofrecer un poco de tierra en el cuenco de mendigo del Buda pero, con el tiempo, se convirtió en un gran emperador.

En segundo lugar, es posible que, a través de la ansiedad, uno pierda confianza en que los resultados de las acciones virtuosas que ha realizado den sus frutos en esta vida. Dicho miedo se basa en una actitud a corto término irrealista. Falla en no tener en cuenta la manera real en que el efecto de una acción en particular puede madurar debidamente después de un cierto número de vidas futuras. De hecho, las semillas de las acciones maduran solo cuando se reúnen las condiciones apropiadas.

La causa final de la destrucción de la aspiración de uno es entregarse plenamente a las penurias del ciclo del nacimiento y la muerte. Sin embargo, uno ha prometido liberar a los seres de esta miseria y además, estos seres son como un hijo propio. Por último, en cualquier caso, los agregados de cuerpo y mente, donde se localizan todos los sufrimientos, están, en si mismos, vacíos de naturaleza intrínseca. Este hecho hace que la miseria sea ilusoria.

B. *Aplicación*

La aplicación de uno puede ser destruida por cuatro "acciones oscuras" que minan la capacidad para realizar trabajos positivos y altruistas. Éstas están subrayadas en *El Sutra Solicitado por Kashyapa* de la siguiente manera:

> Cuatro acciones obstruyen la bodhichita.
> ¿Cuáles son estas cuatro?
> Son, engañar al Lama de uno y a la gente sagrada,
> avergonzar a los demás sin razón, menospreciar a aquellos
> que han entrado en el Vehículo Mayor y pretender tener
> bodhichita falsamente mientras tratas mal a otra gente.[39]

El remedio a un comportamiento egoísta es entrenarse en las "cuatro acciones blancas". Estas también se explican en la misma fuente:

> Cuatro acciones asegurarán la continuidad de la bodhichita
> en todas las vidas futuras. ¿Cuáles son estas cuatro?

No mentir, establecer a todos los seres en la virtud,
considerar a todos los bodhisatvas como tus Maestros y
elogiarlos en las diez direcciones e inducir a aquellos que
han madurado a esforzarse para alcanzar la Iluminación
convenciéndoles de los defectos del Vehículo Menor.[40]

5. Los beneficios de la bodhichita

Una vez ha surgido la bodhichita, uno viaja hacia la
Budeidad. En este estado, uno se encontrará dotado de la
infinita capacidad de beneficiar tanto a uno mismo como a
los demás, una capacidad que deriva de la adquisición de los
dos cuerpos del Buda. Sobre este punto Shantideva dijo:

Todos los Budas que han contemplado durante muchos
eones la han visto beneficioso,
Ya que gracias a ella multitud de seres conscientes
Rápidamente lograrán el estado supremo de bendición.[41]

Puesto que nada más posee el mismo poder transformador,
la bodhichita es la más relevante de todas las virtudes. Su
poder para cambiar incluso lo más inferior es descrito por
Shantideva de la manera siguiente:

El momento en que la bodhichita surge
En aquellos esclavizados y débiles en la cárcel
de la existencia cíclica, ellos serán llamados los
"hijos de los Sugatas"
Y serán honrados por humanos y dioses de este mundo.[42]

Su superioridad sobre todas las demás virtudes se analiza en
el *Sutra solicitado por Shridatta,* donde se dice que:

Si alguien llena las colinas del Buda con joyas y las ofrecen a
los Budas pero otro genera la bodhichita,
será este último quien habrá hecho el mayor ofrecimiento.[43]

Capítulo Tercero:

La Práctica de las Seis Perfecciones

Shantideva

1. Una introducción general

Después de generar la bodhichita, uno procede con la práctica de las seis perfecciones: generosidad, disciplina moral, paciencia, esfuerzo, meditación y sabiduría. Al hacerlo, se reúnen las dos acumulaciones de mérito y sabiduría trascendental, las cuales conducen al logro de la Budeidad. Ciertamente, adoptar tal acercamiento es emular al mismo Buda. Como se dice en *La Alabanza de las Doce Acciones del Sabio:*

> Te elogio, ya que habiendo, en primer lugar,
> desarrollado la bodhichita,
> Perfeccionaste las dos acumulaciones de mérito
> y sabiduría trascendental.
> A través de numerosas acciones en aquellos tiempos
> Y te convertiste en el protector de los seres.[44]

Que las dos acumulaciones son necesarias es confirmado por Atisha, que declara:

> Por lo tanto, a través del esfuerzo en el voto hecho por los
> bodhisatvas para obtener la pura y completa Iluminación,
> las acumulaciones para la Iluminación total
> serán minuciosamente consumadas. [45]

Para comprender el significado del término "perfección" en el Vehículo Mayor, las seis perfecciones deben ser distinguidas del comportamiento virtuoso común. El último es llevado a cabo con el entendimiento de que el sujeto que realiza la acción, el objeto hacia el cual se dirige y la acción misma existen independientemente uno del otro. Sin embargo, en el caso de una "perfección", el practicante actúa sin conceptuar la existencia intrínseca del sujeto, objeto o actividad, puesto que él o ella reconoce su interdependencia mutua y carencia de naturaleza intrínseca. Como comenta Chandrakirti:

> La generosidad vacía del regalo, de quien lo regala y del recipiente, es llamada una perfección trascendental.
> Cuando el apego a los tres surge, es una perfección mundana.[46]

Es más, la virtud ordinaria es provocada por el pensamiento de que la realización de dicha virtud resultará beneficiosa para uno mismo, mientras que en el caso de una perfección uno es motivado por el objetivo de asegurar el bienestar de los demás. Por lo tanto, la virtud del bodhisatva "va más allá" (Tib. pha-rol-tu-phyin-pa, Skt. paramita) de la limitación de una virtud ordinaria. Por su asociación con una visión errónea y el hecho de que surja de una motivación inferior, esta última no puede servir como causa de la adquisición de la sabiduría trascendental y mérito. Las perfecciones, en cambio, surgen como una combinación de visión profunda y motivación altruista y así sirven como causa para reunir estas dos acumulaciones, necesarias para la Budeidad. Una breve definición de cada una de las perfecciones la proporciona Nagarjuna:

> La generosidad es el regalo completo de la riqueza propia;
> La moralidad es beneficiar a otros;
> La paciencia es el abandono del odio;
> El esfuerzo es conservar la virtud;
> La meditación es concentración unipuntualizada, desprovista de emociones molestas;
> La sabiduría es investigar el significado de la verdad.[47]

Las primeras tres perfecciones conducen a la acumulación de mérito; la meditación y la sabiduría, a la acumulación de sabiduría trascendental; y el esfuerzo se requiere para ambas acumulaciones. Sin embargo, cuando se hacen distinciones entre ellas en términos de medios hábiles y sabiduría, las primeras cinco perfecciones son consideradas facetas de los medios hábiles y solo la sexta, como es lógico, pertenece a la categoría de sabiduría. Como dijo Atisha:

> Aparte de la perfección de la sabiduría, todas las prácticas
> virtuosas como la perfección de la generosidad están
> descritas como medios hábiles por los Conquistadores.[48]

Ciertamente, en ausencia de la sabiduría, las perfecciones hábiles pueden ser denominadas "ciegas", puesto que solo la sabiduría produce la capacidad de discernir el sendero de la liberación. Sobre eso, Chandrakirti dijo:

> Así como un grupo de gente ciega puede ser guiada
> fácilmente hasta el destino deseado por solo una persona
> que pueda ver,
> Aquel que goza de sabiduría toma a aquellos que no tienen el
> ojo de la sabiduría y les lleva al estado del Conquistador.[49]

Finalmente, uno debe notar que cada una de las seis perfecciones se caracteriza por estos cuatro poderes:

1. Cada una es el remedio para un defecto en particular. Por ejemplo, la generosidad es el remedio a la avaricia.
2. Cada una está dotada de la sabiduría trascendental no-conceptual.
3. Cada una realiza los deseos de los seres vivos.
4. Cada uno madura a los seres para que sigan el vehículo apropiado para ellos, sean shravakas, pratyekabudas o bodhisatvas.

2. Las seis perfecciones individualmente

A. *La perfección de la generosidad*

I. Su función curativa

La generosidad es el antídoto a la avaricia, que si no se vigila, madura en forma de insatisfacción, en pobreza y, finalmente, te hace renacer en el reino de los fantasmas.

II. Su práctica

La perfección de la generosidad comprende:

a.   Regalar objetos materiales
b.   Regalar valentía
c.   Regalar Dharma

a. *Regalar objetos materiales*

i. Tal y como es practicado por una persona que ha renunciado
La persona que mantiene el voto pratimoksha de alguien que ha renunciado, logra la generosidad, no reuniendo riqueza para actuar como mecenas o patrocinador con la esperanza de adquirir influencia y fama, sino dando cosas sencillas que son apropiadas para su vida monástica.

ii. Tal y como es practicada por un padre de familia
Dicha persona se entrena de un modo gradual en compartir su riqueza para disminuir su apego a los objetos. Respecto a eso, Shantideva dijo lo siguiente:

> Al principio, el Guía del Mundo anima ser generosos con cosas como la comida. Después, cuando te acostumbras a eso, uno debe entrenarse gradualmente dando incluso su propio cuerpo.[50]

Sin embargo, es imperativo distinguir entre modos puros e impuros de dar. Solo los regalos hechos con una motivación compasiva y que son apropiados para quien los recibe, son puros. Así pues, por ejemplo, dar veneno a alguien que se puede hacer daño él mismo o proporcionar armas a aquellos que pueden dañar a los demás serían ejemplos de regalos impuros, mientras que donar comida al hambriento o suministrar medicinas al enfermo, serían ejemplos de generosidad pura.

No obstante, en el análisis final, la perfección de la generosidad no se logra saciando la necesidad de todos los seres por los objetos materiales. Sino que consiste en la intención de regalar todas las cosas. Sobre este punto, Shantideva dijo:

> Si la perfección de la generosidad
> Fuese el alivio de la pobreza en el mundo, entonces,
> puesto que hay seres que se están muriendo de hambre
> ahora, ¿de qué modo la perfeccionaron los Budas del
> pasado?
> La perfección de la generosidad se dice
> que es el pensamiento de regalar todo junto
> con el fruto de tal actitud. Por lo tanto, solamente
> es un estado mental.[51]

iii. Tal y como es practicada por alguien que ha realizado la naturaleza no-originada de los fenómenos.

Dicha persona puede dar incluso su cuerpo cuando es apropiado para conseguir el bienestar de los demás puesto que, gracias a su realización de vacuidad, está totalmente desprovisto de cualquier rastro de odio. Sin embargo, si un practicante común hace tal regalo, su motivación sería defectuosa debido a la fuerza de sus negatividades y, en consecuencia, habría cometido el acto no virtuoso del suicidio. Como dijo Shantideva:

Antes que la compasión sea totalmente perfecta, no des tu
cuerpo. ¿Cómo puede eso ser propicio para el bienestar
de uno mismo y el de los demás?[52]

b. Regalar valentía

Esta forma de generosidad se cumple dando protección a
aquellos que están en peligro. Es especialmente importante
en este aspecto salvar seres, sean humanos o animales, de
la muerte.

c. Regalar Dharma

El practicante adecuadamente cualificado puede poner en
práctica este tipo de generosidad enseñando Dharma. Sin
embargo, si alguien carente de las cualidades requeridas
intenta instruir a los demás, los resultados pueden ser ca-
tastróficos para sus seguidores, como si saltaran desde un
acantilado con un hombre loco. Así pues, hasta que uno
esté preparado para enseñar, es más apropiado practicar el
dar el Dharma mediante la recitación de plegarias y pasajes
de los sutras del Noble Buda.

III. Los beneficios de la generosidad

Quienquiera que practique pura generosidad crea las condiciones para tener riqueza en el futuro. Chandrakirti dijo:

> Sabiendo que la riqueza surge de la generosidad
> El Buda habló primero sobre ello. [53]

El resultado final de la generosidad es el logro de la Budeidad.
Asanga dijo:

> Todos los bodhisatvas que perfeccionan la práctica
> de la generosidad alcanzarán la insuperable,
> perfecta y completa Iluminación.[54]

B. La perfección de la disciplina moral

I. Su función curativa

La perfección de la disciplina moral es evitar acciones que pueden dañar a otros o a uno mismo y esforzarse por la virtud. Es pues el remedio para los comportamientos erróneos y cualquier intento de practicar la perfección previa abandonando la disciplina moral conduciría, probablemente, a obtener un resultado desafortunado. Chandrakirti explica que:

> La generosidad puede madurar como riqueza
> en los reinos inferiores, cuando una persona pierde
> las piernas de su disciplina.[55]

En cambio, la disciplina moral es la base de todas las cualidades positivas. Como dijo Nagarjuna:

> Se dice que la disciplina moral es el fundamento
> de todas las virtudes, así como la Tierra es el soporte
> de todas las cosas, animadas o inanimadas.[56]

II. Su práctica

Hay tres aspectos de disciplina moral:

a. La disciplina moral de los votos.
b. La disciplina moral de las acciones virtuosas.
c. La disciplina moral de trabajar por los demás.

a. La disciplina moral de los votos

El Vehículo Menor, el Vehículo Mayor y el Vehículo Vajra tienen sus votos respectivos. Así, el voto pratimoksha pertenece al Vehículo Menor, el voto del bodhisatva al Vehículo Mayor, y el voto del vidyadhara al Vehículo Vajra. Sin embargo, puesto que las seis perfecciones son un precepto del Vehículo Mayor, es apropiado subrayar la disciplina específica del voto del bodhisatva aquí.

Según el linaje Chittamatra, hay cuatro caídas, o "acciones parecidas a derrotas", así llamadas porque destruyen el voto del bodhisatva de uno. Además, hay cuarenta y seis caídas secundarias que causan el declive del voto. Las cuatro caídas que uno debe evitar para mantener la disciplina del voto son:

1. Criticar a otro y alabarse a uno mismo.
2. Rechazar el compartir riquezas o el Dharma.
3. Rechazar el aceptar una disculpa.
4. Enseñar el Dharma a pesar de haber abandonado el Vehículo Mayor.

Según el linaje Madhyamaka hay catorce caídas a evitar. No obstante, según este linaje, solo el abandono de la bodhichita destruye los votos del bodhisatva de uno mismo. Cometer alguna de estas caídas causarán que el voto empeore, será útil clasificarlos aquí:

1. Robar la riqueza de las Tres Joyas.
2. Abandonar el precioso Dharma.
3. Castigar a un monje que ha renunciado a sus votos.
4. Cometer cualquiera de las cinco acciones malvadas.
5. Tener visiones erróneas.
6. Destruir pueblos y ciudades.
7. Enseñar la vacuidad a aquellos que no están preparados.
8. Llevar al abandono del esfuerzo por la perfecta Iluminación a aquellos que han entrado en el sendero de la Budeidad.
9. Provocar que alguien que ha entrado en el Vehículo Mayor abandone el pratimoksha.
10. Mantener la opinión que el sendero del entrenamiento no ocasiona el abandono de las emociones molestas.
11. Elogiarse a uno mismo y abusar de los demás.

12. Afirmar falsamente la realización de la enseñanza profunda.
13. Coger un ofrecimiento destinado para las Tres Joyas y ser la causa del castigo de un practicante.
14. Coger la ayuda dirigida a un meditador y dársela a alguien que meramente pretende recitar.

b. La disciplina moral de las acciones virtuosas

Uno debe aprovechar cada oportunidad para realizar acciones virtuosas a través del cuerpo, el habla y la mente y, a la inversa, luchar para eliminar el comportamiento no virtuoso. Haciendo eso, uno establecerá la estructura para el desarrollo espiritual puesto que estas tres acciones virtuosas darán lugar a la creación de circunstancias saludables.

c. La disciplina moral de trabajar para los demás

En cada situación uno debe procurar cumplir lo que es genuinamente beneficioso para otros, en lugar de privilegiarse uno mismo.

III. Los beneficios de la disciplina moral

Los beneficios temporales de la disciplina moral son que uno se torna influyente y exitoso en su trabajo y alcanza renacimientos felices. El beneficio último es el logro de la Iluminación.

C. La perfección de la paciencia

I. Su función curativa

La perfección de la paciencia es una actitud de aceptación y tolerancia que actúa como remedio para la fuerza destructiva del odio, el factor más limitador en la vida moral. Sobre este punto, Shantideva comentó lo siguiente:

> Cualquier acción virtuosa,
> Como venerar a los Budas y ser generoso,
> acumuladas durante miles de eones,
> Serán destruidas con un solo instante de odio.[57]

El odio no solo enfrenta a uno con el mundo, sino que incluso provoca el distanciamiento de aquellos que deberían estar más cerca. Sakya Pandita dijo:

> Un noble debe ser particularmente tierno.
> No es apropiado para él mostrar odio por un problema nimio.
> Aunque haya una joya en la frente de una serpiente,
> ¿Qué persona inteligente se pondría a su lado
> para cogerla?[58]

Finalmente, el fruto completo que ha madurado del odio es renacer en el infierno. Sin embargo, así como el odio es catastrófico, su remedio, la paciencia, es, por el contrario, una inmensa fuerza del bien. Shantideva dijo:

> No hay mal como el odio
> Y ninguna disciplina como la paciencia.
> Así pues, debo luchar de varios modos
> Para meditar en la paciencia.[59]

Desarrollar la habilidad de resistir las provocaciones causa un debilitamiento mucho más profundo de nuestro aferramiento habitual que cualquier tipo de austeridad extravagante. Es más, hace que nuestro mundo sea un lugar tierno y fácil para vivir. Sobre este punto, Shantideva dijo lo siguiente:

> ¿Dónde podría encontrar la piel suficiente
> para cubrir la Tierra?
> Sin embargo, llevando piel en la suela de mis pies
> Es lo mismo que cubrir la Tierra con ella.
> Del mismo modo, para mí no es posible

Contener el curso externo de las cosas,
Pero si contengo esta mente mía,
¿Cuál sería la necesidad de contener todo lo demás? [60]

II. Su práctica

Hay tres modos con los cuales uno puede desarrollar paciencia:

a.   Paciencia con respecto a la carga del Dharma.
b.   Paciencia con respecto a las dos verdades.
c.   Paciencia con respecto a los enemigos.

a. Paciencia con respecto a la carga del Dharma

Cualquier dificultad que sea ocasionada por la práctica de del Dharma, debe ser vista como una oportunidad para practicar como los grandes Maestros del pasado. Así, uno puede recordar, por ejemplo, que el Buda aguantó pacientemente muchos años de austeridad en su búsqueda del sendero verdadero y que los grandes eruditos y traductores resistieron con mucho gusto el terrible rigor del viaje por la India para llevar el precioso Dharma al Tíbet. En comparación, las dificultades de uno son insignificantes, pero ayudarán en el viaje hacia el despertar.

b. Paciencia con respecto a las dos verdades

i. Con la verdad convencional

Sentir odio o estar decepcionado por el comportamiento indomable de los seres, es tan irrazonable como sentirse ofendido por la capacidad de quemar del fuego. Los seres son conducidos por obscurecimientos emocionales e intelectuales y, en consecuencia, su tendencia es abusar de los demás. Una persona sabia reconoce esto y, mientras aprende a no confiar en personas poco fiables, no se hiere a él mismo reaccionando con odio hacia la inevitable conducta samsárica de los demás.

ii. Con la verdad última

Cuando uno examina una situación difícil con sabiduría analítica, no puede encontrar un agresor que exista verdaderamente, ni una víctima, ni una acción o agresión. Ya que cada uno de estos aparecen solamente por dependencia mutua, uno no puede señalar a nadie con quien deba reaccionar con odio por sus aparentes insultos. Shantideva dijo:

> ¿Qué se puede ganar y qué se puede perder con cosas
> que están vacías en este sentido? ¿Quién hay ahí que me
> respete y quién hay ahí que abuse de mí?[61]

c. Con respecto a los enemigos

Como ya ha sido indicado, la paciencia es una virtud excepcionalmente importante pero sin las condiciones apropiadas no hay probabilidad alguna de que se desarrolle. De hecho, uno requiere los retos proporcionados por el comportamiento difícil de los demás para ejercer paciencia. Resumiendo, aquellos que parecen ser enemigos son, en un sentido, Maestros de uno y benefactores, precisamente porque su comportamiento dañino nos estimula a ser pacientes. Por lo tanto, ¿cómo podría ser correcto para uno reaccionar agresivamente frente a lo que es, en su resultado final, una acción útil? Como declaró Gyaltse Thokme Zangpo:

> Si alguien, como tú mismo o de un estatus inferior actúa
> sin respeto movido por su arrogancia,
> Colocarlo en la corona de tu cabeza
> Con la devoción que tienes por tu Lama es la práctica
> de un hijo del Conquistador.[62]

III. Su beneficio

Los beneficios de la paciencia son que uno vive feliz, alejado de la agitación y la preocupación. En vidas futuras uno será adornado por la belleza y, finalmente, uno obtendrá el estado de la Budeidad.

D. La perfección del esfuerzo

I. Su función curativa

La perfección del esfuerzo es el antídoto a la holgazanería, un defecto que deja inactivas todas las aspiraciones de uno. Como explicó Shantideva, hay tres tipos de holgazanería:

> ...holgazanería, atracción a lo que es malo
> Y menospreciarse a uno mismo movido
> por el desaliento.[63]

Una vida vivida siendo esclavo de estas tres perezas, es una vida malgastada. La brevedad del tiempo de vida debería causar que uno se esfuerce en la infatigable búsqueda de lo que es virtuoso. Como dijo Nagarjuna:

> Así como querrías extinguir un fuego que de repente
> ha alcanzado tu ropa o tu cabeza,
> Deberás luchar para poner fin al renacimiento.[64]

II. Su práctica

Hay tres aspectos de la perfección del esfuerzo:

a.   La armadura del esfuerzo.
b.   El esfuerzo insaciable.
c.   Aplicar el esfuerzo.

a. La armadura del esfuerzo

Cualquier cansancio que se pudiera notar en la labor que entraña el trabajar por los seres, nos debería conducir a la determinación y la firmeza, recordando el gran esfuerzo ejercido antes por los Budas y los bodhisatvas. Adoptar tal actitud es asumir la armadura del esfuerzo. En particular, uno no debe pensar que dichos seres supremos solo pudieron cumplir sus actos supremos debido a sus elevados estatus. En realidad, ellos fueron un día seres ordinarios como nosotros pero ejerciendo esfuerzo, acumularon una inmensurable bondad. Nagarjuna dijo:

> Aquellos que realizaron la verdad
> Ni cayeron del cielo ni surgieron como un grano de la tierra.
> Fueron previamente personas sujetas a las negatividades.[65]

b. El esfuerzo insaciable

Al trabajar por los demás, uno nunca debe pensar que ha logrado lo suficiente. En su lugar, uno debe determinarse a seguir un comportamiento aun más virtuoso. Como dijo Shantideva:

> Si siento que nunca tengo suficientes objetos sensoriales,
> Que son como miel untada en el filo de una cuchilla,
> Entonces, ¿por qué tendría que sentir que tengo méritos
> suficientes que dan lugar a la felicidad y la paz? [66]

Así pues, sería erróneo abandonar oportunidades para hacer méritos como postraciones o cuidar de un santuario.

c. Aplicar el esfuerzo

Uno debe constantemente aplicarse en superar las propias emociones aflictivas y la consumación del beneficio de otros. Si uno deja pasar esta vida ocupándose de las trivialidades mundanas, sería, al final, un asunto de sumo pesar.

III. Su beneficio

Los beneficios del esfuerzo son que todas las aspiraciones virtuosas son logradas y finalmente uno alcanza la Budeidad.

E. La perfección de la meditación

I. Su función curativa

La perfección de la meditación es el antídoto para la mente distraída. Shantideva dijo:

> Habiendo desarrollado esfuerzo en este sentido,
> Debo concentrar mi mente,
> Ya que las personas cuyas mentes están distraídas
> Residen entre los colmillos de las emociones aflictivas.[67]

Sin embargo, aunque el remedio definitivo a las emociones aflictivas es la adquisición del conocimiento que constituye la perfección de la sabiduría, uno no puede entrenarse en el conocimiento sin primero desarrollar la permanencia apacible. Este es el concierne de la quinta perfección, la de la meditación. Shantideva dijo:

> Habiendo comprendido que las emociones aflictivas
> son completamente superadas por el conocimiento
> enriquecido por la permanencia apacible,
> En primer lugar debo esforzarme por conseguir
> la permanencia apacible.[68]

La esencia de la permanencia apacible es emplazar la mente unipuntualizadamente sobre un objeto virtuoso, libre de turbulencias conceptuales y emocionales. Como dijo Asanga:

> La mente mora unipuntualizadamente en la virtud.[69]

II. Su práctica

Antes de que uno pueda aplicar los métodos para producir la permanencia apacible, es preciso establecer unas condiciones de apoyo para la meditación. Para hacer eso, uno debe aislar su cuerpo y mente de las implicaciones mundanas y de la agitación provocada por el apego a las posesiones y a los seres. Para generar tal distanciamiento, uno puede seguir las reflexiones de Shantideva sobre como dicho aferramiento te restringe a una vida en la misma vieja jaula samsárica.

Si uno prefiere un conjunto de reflexiones más extenso, puede utilizar las enseñanzas para aquellos afectados por la visión impura recopiladas en *El sendero y su fruto*: es decir, los defectos de la existencia cíclica, la preciosidad del renacimiento humano y su impermanencia y, finalmente, acción, causa y efecto. Mediante una u otra contemplación, uno podrá finalmente desarrollar un verdadero sentido de renuncia.

Posteriormente, uno debe examinar su mente para comprobar si todavía está afectada por cualquier de los cinco obstáculos. Para contrarrestar esto, uno debe aplicar los antídotos apropiados de entre los "ocho remedios". Una vez consumado esto, uno puede proceder con "los nueve medios para calmar la mente", cuya secuencia de instrucciones enseñadas por Maitreya comprenden el específico conjunto de técnicas para el desarrollo de la permanencia apacible. Como esos métodos están expuestos detalladamente en *El precioso adorno de la Triple Visión* de Ngorchen Könchok Lhündrup, no es necesario analizarlos aquí y ahora.

Mientras que los métodos antes mencionados representan el sistema general del desarrollo de la permanencia apacible, uno debe notar que en *Elucidando el Pensamiento del Sabio,* Sakya Pandita ha expuesto un método alternativo, centrado en el desarrollo de la bodhichita. En este sistema, uno medita en el amor bondadoso y en la compasión como etapas preliminares y luego en "igualarse a uno mismo con los demás" y "cambiarse a uno mismo con los demás" como etapa principal de la meditación. Dicho método está en consonancia con la enseñanza de Shantideva, *Entrando en la carrera de un Bodhisatva.*

La quintaesencia de este sistema de meditación en la bodhichita es la instrucción oral conocida como "dar y tomar", el nombre del cual en la actualidad se ha esparcido ampliamente. Desgraciadamente, a pesar de su fama, circulan ciertas ideas equivocadas sobre estos métodos. Algunas, por ejemplo, imaginan que este es un sistema que puede ser enseñado a no budistas. Sin embargo, puesto que es una faceta exclusiva de entrenamiento en la bodhichita, es inoportuno para los seguidores del Vehículo Menor, y mucho menos a aquellos que están fuera del budismo.

Uno a veces oye que gente común afirma que a través de sus prácticas de dar y tomar, han curado a otros de sus males. Sin embargo, solo el gran noble bodhisatva y los Budas completamente iluminados pueden hacer eso. Para todos los practicantes comunes, el propósito de practicar estos métodos es mantener y ampliar su propia generación de bodhichita para alcanzar la Iluminación. Entonces estarán equipados con la habilidad de beneficiar a los demás.

Hay también algunos que son reticentes a empezar con estas prácticas a fin de que no se vean afectados por la miseria corrientemente experimentada por otros. Dicho miedo descubre un lamentable malentendido en las enseñanzas del Buda. Sabiendo que estas prácticas son acciones completamente virtuosas, ¿cómo puede surgir el sufrimiento de ellas? Sakya Pandita lo explicó así:

> Considera si el deseo de cambiarse uno mismo
> por otros es virtuoso o pecaminoso.
> Si es virtuoso, es incompatible con que se le atribuya
> ser una fuente de dolor. Si fuese pecaminoso,
> dicho cambio debería ser una acción motivada por los tres
> venenos. Sin embargo, como no ha surgido de estos tres,
> ¿cómo es posible que de ahí surja sufrimiento?[70]

III. Su beneficio

El beneficio temporal de la consumación de la perfección de la meditación es que uno puede obtener el renacimiento como un dios en el reino sin deseo. El resultado último es que uno alcanzará la Budeidad.

F. La perfección de la sabiduría

I. Su función curativa

La perfección de la sabiduría es el antídoto a la ignorancia, la causa raíz de la existencia cíclica y todas sus miserias. Solo la sabiduría discrimina correctamente la naturaleza real del fenómeno y así libera a uno de las dos obscuraciones de las emociones aflictivas y la ignorancia que, a su vez, son los obstáculos que impiden la Iluminación. Su relación con las cinco perfecciones anteriores es que son sus beneficiarias, en el sentido de que actúan como su fundamento necesario, y su logro, en el sentido de que sin sabiduría son incompletas. Shantideva dijo:

> Todas estas prácticas las enseñó el Poderoso
> para la sabiduría.
> Por lo tanto, aquellos que desean pacificar
> el sufrimiento, deben generar sabiduría.[71]

II. Su práctica

El método esencial para desarrollar la perfección de la sabiduría es reconocer que, en su verdad última, todo fenómeno carece de naturaleza intrínseca. Una acción virtuosa como dar, se convierte en una perfección solo cuando uno no se aferra a la noción errónea de que los "tres círculos" del donador, recibidor y la acción de dar existen intrínsecamente. De hecho, los tres círculos son solo la proyección de una mente confusa que busca seguridad en un ilusorio sentido de solidez. Gyaltse Thokme Zangpo dijo:

> Así como sin sabiduría las otras cinco perfecciones
> no son suficientes para obtener la perfecta Iluminación,
> cultivar sabiduría que no conceptualiza
> las tres esferas e incorpora medios,
> es la práctica del hijo del Conquistador.[72]

Para obtener esta sabiduría liberadora, el practicante, quien ha desarrollado una mente unipuntualizada a través de los métodos de la meditación de la permanencia apacible analizada en la quinta perfección, debe entrenarse en las técnicas del conocimiento. Así como la más detallada de las presentaciones de estos métodos de meditación en la vacuidad está proporcionada por la escuela de principios Madhyamaka, uno debe estudiar el siguiente capítulo en este punto. Alternando la meditación analítica y la de emplazamiento en las diversas etapas de este sistema, uno llegará a una realización inequívoca de la correcta visión de la realidad y así comprenderá la perfección de la sabiduría en si misma.

III. Su beneficio

El beneficio mundano de la perfección de la sabiduría es el desarrollo de la felicidad y las circunstancias positivas. El beneficio trascendental es el logro de la Iluminación.

Capítulo Cuatro:

Ver la Vacuidad

Gorampa Sönam Sengge.

Como hemos visto, aquellos que tienen una fe inteligente en las enseñanzas del Buda entran en el sendero a través de la puerta de la toma de refugio en las Tres Joyas –Buda, Dharma y Sanga. Posteriormente, los practicantes superiores, con su mente saturada por el amor y la compasión por el sufrimiento de los seres, generan la preciosa bodhichita y se embarcan en el Vehículo Mayor, que les conducirá a la Budeidad. Puesto que las dos provisiones requeridas en este viaje son el mérito y la sabiduría, ellos reúnen la primera de estas necesidades con la perfección de dar, la disciplina moral y la paciencia, y la segunda con la perfección de la meditación y la sabiduría. En estos empeños comunes, esos practicantes confiarán en el apoyo de la perfección del esfuerzo.

Para el desarrollo completo de la perfección de la sabiduría, uno debe estudiar los profundos preceptos de la escuela de principios Madhyamaka, el más supremo de todos los sistemas filosóficos. Solo de este modo uno puede limpiar los restos acumulados de las nociones confusas y así lograr certeza con respecto a la visión de la realidad última. A menos que uno haga eso, no importa cuánto se medite, la verdadera sabiduría no se desarrollará. Las preconcepciones erróneas estarán demasiado enraizadas y, consecuentemente, aunque se desarrollen experiencias en meditación, uno confundirá su naturaleza y quedarán como obstáculos para la Iluminación. Es por esta razón que todos los Maestros consumados han hecho hincapié en que uno debe establecer la certeza con respecto a la visión correcta como precursor necesario para conseguir la profunda meditación del Vajrayana.

1. La transmisión del Madhyamaka

A. *Las cuatro escuelas de principios*

El Madhyamaka (El Camino Medio) es una de cuatro escuelas de principios que aparecieron en la India después de la partida del Buda. Las primeras dos en aparecer fueron la Vaibhashika y la Sautrantika, cuyos adherentes fueron seguidores de los senderos shravaka y pratyekabuda –las dos carreras espirituales que forman el Vehículo Menor. La tercera y la cuarta fueron la Chitamatra y la Madhyamaka, cuyos adherentes eran seguidores del sendero del bodhisatva del Vehículo Mayor. La Madhyamaka es la más suprema de las escuelas, y deriva de los discursos propios del Segundo Giro de la Rueda, como *La Perfección de la Sabiduría*, que según Sakya Pandita representa la intención definitiva de las enseñanzas de Buda.

De hecho, así como la Vaibhashika es superior en su análisis a cualquier escuela no budista, cada una de las escuelas posteriores trasciende a sus predecesoras; así pues, la Sautrantika es superior a la Vaibhashika y la Chitamatra, es superior a la Sautrantika. Sin embargo, estas tres fallan en su presentación de la verdadera naturaleza de la realidad debido a su común afirmación de que ciertas categorías de los fenómenos, sean las partículas "irreducibles" y los instantes de consciencia de la Vaibhashika y Sautrantika o la corriente de consciencia no dual afirmada por la Chitamatra, existen intrínsecamente. Por el contrario, la Madhyamaka afirma que todo fenómeno sin excepción, físico y mental, burdo y sutil, está vacío de naturaleza intrínseca y no tiene existencia verdadera.

B. *La transmisión de la Madhyamaka en la India*

Así como la raíz de la Madhyamaka se encuentra en las enseñanzas del Buda, como hemos mencionado más arriba, esta escuela de principios empezó con el gran Maestro

Nagaryuna, quien prosperó trescientos cincuenta años más tarde, alrededor del principio de la Era Común. Habiendo dominado completamente las enseñanzas de *La Perfección de la Sabiduría*, Nagaryuna expresó su realización de la visión del "camino medio" trascendiendo los extremos del eternalismo y el nihilismo, la existencia y la no existencia, en cinco grandes textos, el más importante de los cuales fue *Los Textos Raíz de Madhyamaka*. Posteriormente, la línea espiritual de Nagaryuna fue continuada por su discípulo más importante, Aryadeva, de Sri Lanka, autor de *Los Cuatrocientos Versos*.

Entre los siglos cinco y siete después de Cristo, dos presentaciones rivales del sistema común de Madhyamaka de Nagaryuna y Aryadeva, se desarrollaron. La primera de estas fue la Svatantrika, ("aquellos que argumentan mediante una afirmación independiente") establecida por Bhavaviveka (año 500 D.C.), autor de *La Llama del Razonamiento*. La segunda fue la Prasangika ("aquellos que argumentan mediante la reducción al absurdo"), desarrollada por Maestros como Budhapalita (año 500 D.C.), Chandrakirti (año 600-650 D.C.) y Shantideva (685-763 D.C.).

C. *La primera transmisión del Madhyamaka en el Tíbet*

La transmisión de la filosofía Madhyamaka en el Tíbet empezó en el siglo ocho después de Cristo con la llegada del abad bodhisatva, Shantarakshita, autor de *El Adorno de Madhyamaka*. Puesto que Shantarakshita era seguidor del sistema Svatantrika Madhyamaka Yogachara, fue este tipo de Madhyamaka el que se expandió en la Tierra de las Nieves. En el mismo período, otro Maestro eminente de la India, Jnanagarbha, junto con el tibetano, Chödro Lui Gyaltsen, también expandieron hasta cierto punto el sistema Svatantrika. Sin embargo, pasarían dos siglos antes que el Maestro Nyingma, Rongzom Chökyi Zangpo, hiciese la distinción entre Svatantrika y Prasangika conocidos en el Tíbet.

D. *La posterior transmisión del Madhyamaka en el Tíbet*

La segunda transmisión de la filosofía Madhyamaka en el Tíbet ocurrió como parte de la "última transmisión" del Budismo desde la India entre los siglos once y trece. El primer centro importante de esta Madhyamaka posterior fue Sangphu, un monasterio en el centro del Tíbet, fundado por Ngok Lekpe Sherab de la escuela Kadam en 1073. Fue allí donde su sobrino, Ngok Loden Sherap (1059-1109), enseñó los trabajos Svatantrika de Bhavaviveka. Posteriormente, en el tiempo de la quinta institución del mismo abad, los dos grandes eruditos, Chapa Chökyi Sengge y Patsap Nyima Drak expandieron los sistemas Svatantrika y Prasangika respectivamente. La aparición de la traducción de Patsap de *Entrando en el Madhyamaka* de Chandrakirti, marca el verdadero inicio de la escuela Prasangika en el Tíbet. Pronto eclipsaría la interpretación Svatantrika del Madhyamaka.

E. *La transmisión Madhyamaka en Sakya*

Los estudios Madhyamaka en la tradición Sakya empezaron durante el período de los Cinco Venerables Maestros. Aunque Sachen Künga Nyingpo (1092-1158) fue el Maestro de innumerables enseñanzas de sutras y tantras, sus estudios en Madhyamaka parecen haberse limitado a la visión Svatantrika. Su Maestro principal en esta línea fue Tsen Khawoche. Sin embargo, su hijo, Sönam Tsemo (1141-1182), recibió las dos enseñanzas Svatantrika y Prasangika durante el tiempo que estuvo en Sangphu, tal y como se evidencia en su comentario expuesto en *Entrando en la carrera del bodhisatva* de Shantideva. Los tres patriarcas posteriores, Jetsun Drakpa Gyaltsen (1147-1216), Sakya Pandita (1182-1251) y Chögyal Phakpa (1232-1280), demostraron en sus trabajos familiaridad con la Svatantrika y la Prasangika. Más tarde, en el siglo quince, la línea Madhyamaka de los Cinco Venerables Maestros, se mantuvo y se expandió ampliamente a través del incomparable filósofo Gorampa Sönam Sengge (1429-1489) en una época en la que versiones idiosincráticas del Madhyamaka iban rápidamente ganando terreno.

Es la posición de estos Maestros Sakya que el objeto último de la visión Madhyamaka es la verdadera naturaleza de la realidad, libre de toda elaboración, especialmente de aquellas que describen los fenómenos poseyendo bien sea una existencia intrínseca, o una no existencia intrínseca, los dos tipos de existencias o teniendo cualquier otra característica respecto a la existencia y la no existencia. Como dijo Chögyal Phakpa:

> Cuando uno reconoce que todo fenómeno es primordialmente no-producido, sin esencia y completamente no elaborado, no hay nada en que centrarse, solo con el espacio. [73]

La verdadera naturaleza del fenómeno, el estar desprovisto de cualquier característica por el que pueda aprehenderse, elude todo lenguaje y toda formulación conceptual. De hecho, es esta conceptualización y su manifestación resultante en lenguaje que perpetua la ignorancia que hace que pensemos que los fenómenos tienen existencia intrínseca, lo cual es una comprensión equivocada que, a su vez, dispara las emociones aflictivas y acciones que nos aprisionan en el samsara. Así que el único modo de liberarnos a nosotros mismos del ciclo del nacimiento y la muerte, es la separación de etiquetado conceptual del fenómeno en la experiencia inamovible de la realidad.

Este Madhyamaka definitivo sostenido por la escuela Sakya es conocido como "el camino medio libre de extremos". Como Gorampa puntualizó, esto es el mismo Madhyamaka que fue propagado por Nagarjuna y Aryadeva en la India, en Tíbet, por Marpa y Milarepa y muchos otros. Parece que, más tarde, incluso pensadores como Jamgön Ju Mipham de la escuela Nyingma fueron influenciados por este sistema insuperable.

2. Las enseñanzas

A. *Las dos verdades*

Según el sistema Madhyamaka, como todas las escuelas budistas de principios, dos niveles de verdad, convencional y última, deben ser distinguidas. Estas dos verdades son la base de las enseñanzas del Buda: Como dijo Aryadeva:

> Las enseñanzas de los Budas se basan en dos verdades:
> La verdad mundana convencional y la verdad última.
> Aquellos que no conocen la diferencia entre estas
> dos verdades no comprenderán la profunda realidad
> enseñada por el Buda.[74]

Al presentar una definición Madhyamaka del estatus de la verdad convencional y la última, Sakya Pandita declaró:

> "La verdad convencional" designa aquello que se percibe
> como existente mediante una cognición no analítica,
> y la "verdad última" se refiere a "no encontrar" ningún
> fenómeno existente mediante una cognición analítica.[75]

En esta distinción entre las dos verdades, Chandrakirti dijo:

> Se dice que todo fenómeno posee una doble esencia:
> La que ven aquellos que ven los fenómenos con precisión
> y la que ven aquellos que están engañados.
> Los objetos de una percepción precisa son la talidad,
> la vacuidad
> Y aquellos de una percepción equivocada
> son verdades convencionales.[76]

Según Chandrakirti, uno debe también distinguir entre dos tipos de verdad convencional – la "equivocada" y la "correcta":

> La visión falsa tiene dos aspectos:
> Uno con facultadas claras y otra con facultades
> defectuosas.
> La comprensión de la persona con facultades defectuosas
> está equivocada cuando se compara con la que tiene
> las facultades claras.[77]

Así pues, los objetos "no equivocados" convencionales y verdaderos son aquellas apariencias percibidas por una cognición válida pero no analítica. Si se examina, un objeto que tenga existencia intrínseca no soportaría análisis alguno, o porque se trata de una mera reunión de partes o porque se origina a través de una dependencia de causas y condiciones. Sin embargo, cuando se percibe a través del conocimiento válido de los sentidos intactos o mediante razonamiento inferencial pero sin dicho análisis deconstructor, aparece como existente. Sakya Pandita dijo:

> Los objetos convencionales verdaderos "no equivocados"
> son apariencias percibidas por una cognición válida, que han
> surgido del consenso común de los seres, capaz de llevar a
> cabo una función significativa pero que, a través del análisis,
> no se puede encontrar como intrínsecamente existente.
> Los objetos convencionales "equivocados" son apariencias
> en una cognición que no es válida, como ver dos lunas,
> pelo que cae, espejismos y cosas parecidas.[78]

Y Chandrakirti dice:

> En consecuencia, aquello que la gente mundana percibe con
> los seis sentidos claros, es verdad para el mundo.
> Las discusiones conceptuales de los *tirthikas* creadas
> por el engaño, como el yo, las ilusiones o los espejismos,
> son igual de irreales para la gente mundana.[79]

Finalmente, uno podría preguntarse si —puesto que la verdad convencional es aquella que se predica en base a conceptos y el lenguaje– la verdad última es realmente conocible. Uno debe citar aquí lo que dijo Shantideva:

Lo último no es un objeto de conocimiento.[80]

Sin embargo, según mis Maestros, las palabras de Shantideva no se deben entender en el sentido de que lo último es no cognoscible para siempre sino más bien que es inaccesible a la cognición dualista. Después de todo, si este no fuera el caso, la liberación de la ignorancia sería imposible.

B. Los dos tipos de ausencia de existencia intrínseca

En los discursos que pertenecen al Primer Giro de la Rueda, la ausencia de un yo que exista intrínsecamente en los cinco agregados, se presenta como verdad última. Es el aferramiento y la estima a esto yo ficticio que es la fuente fundamental del sufrimiento, puesto que cuando uno afirma un yo que existe de manera intrínseca necesariamente uno también distingue este yo del de otro. Dicha percepción dual actúa como base de las emociones aflictivas del apego, la aversión, y demás. En consecuencia, estos promueven la comisión de acciones erróneas que, a su vez, establecen el patrón de la existencia samsárica.

Sin embargo, en el Segundo y Tercer Giro de la Rueda, el análisis de realidad que se presenta, es más sutil y profundo. Aquí pues, aunque se exponen varios modos de comprender la verdad convencional, la carencia de entidad intrínseca de todo fenómeno, interno y externo, es enseñada como verdad última.

Según estos dos modos en los que se entiende la ausencia de existencia intrínseca o vacuidad de acuerdo con los Tres Giros de la Rueda, el método de realizar la verdad última enseñada en los tratados Madhyamaka comienza con meditación analítica en la ausencia de existencia intrínseca del yo y luego se extiende hacia un análisis de la ausencia de existencia intrínseca de los fenómenos.

I. La ausencia de existencia intrínseca del yo

Los cinco agregados de la forma, sensación, percepción, formaciones y consciencia, comprenden la totalidad de los fenómenos físicos y mentales condicionados. Puesto que este es el caso, uno los examina para ver si se puede localizar un yo que exista intrínsecamente –una entidad definida como permanente, singular y autónoma– bien sea como una entidad idéntica a los agregados o residiendo, de algún modo, aparte de ellos. Si no puede encontrarse, cuando uno lleva a cabo este completo análisis con respecto a todos los modos posibles de su presunta existencia, uno tendrá que abandonar cualquier noción de que una entidad así pueda existir. Como se dice en *Entrando en Madhyamaka:*

> Puesto que un yo distinto, aparte de los cinco agregados no
> se puede demostrar, son los agregados mismos
> que constituyen la base de la visión del yo.[81]

Así, cuando uno examina los agregados como una posible localización de la existencia intrínseca del yo, se descubre que ellos, sea singular o colectivamente, no pueden servir a dicho propósito porque cada agregado es múltiple, transitorio y carente de autonomía. Sin embargo, como se ha especificado antes, estos atributos de singularidad, permanencia y auto-nomía son precisamente las particularidades que deberían estar presentes como característica definitoria de cualquier "entidad intrínseca".

Como se dice en *Entrando en la carrera del Bodhisatva* con respecto al agregado de la forma:

> Dientes, cabello y uñas no son el yo; el yo no son los huesos
> ni la sangre; tampoco los mocos y la flema; no es la linfa o el
> pus. El yo no es la grasa ni el sudor; los pulmones y el hígado
> no son el yo, ni tampoco lo es cualquiera de los órganos
> internos; el excremento o la orina de uno mismo no lo son.
> La carne y la piel no son el yo; la calidez y el viento tampoco

son el yo; ni las cavidades corporales son el yo y en ningún
momento lo es los seis tipos de consciencia. [82]

Como se dice en *Entrando en el Madhyamaka* en referencia
a los cinco agregados:

> Si los agregados fueran el yo, como son múltiples,
> el yo también tendría que ser múltiple.[83]

No obstante, si, para evitar este fallo, uno afirma la existencia
de un yo intrínseco distinto de los agregados, ese yo debería
ser simplemente una designación arbitraria sin tener nada
que ver con la experiencia real, puesto que dicha experiencia
solo tiene lugar en los agregados. Por lo tanto, debería ser
completamente redundante. Como dijo Chandrakirti:

> Aparte de los agregados, no hay un yo intrínseco
> porque no hay nada establecido que pueda percibirse
> independientemente de los agregados.[84]

La presentación más extensa de este razonamiento que
destruye la creencia en la noción de un yo intrínseco, es
"Las Veinte Bombas Vajra", encontrado en *Entrando en
el Madhyamaka* de Chandrakirti y *Carta a un amigo* de
Nagarjuna. En este último texto se dice:

> La forma no es el yo; el yo no posee la forma.
> La forma no pertenece al yo, ni el yo pertenece a la forma.
> De la misma manera, los otros agregados deben ser
> comprendidos como que no son nada por sí mismos.[85]

Y en *Entrando en el Madhyamaka*:

> La forma no es el yo; el yo no posee forma. El yo no está
> en la forma y la forma no está en el yo. Así pues, bajo estos
> cuatro aspectos uno debe conocer los otros agregados.
> Estas son las veinte variantes de la visión del yo.

> Estos son los picos de las montañas de los compuestos transitorios, que simultáneamente son destruidos por el conocimiento de la no existencia del yo intrínseco.[86]

De cualquier modo que uno intente establecer la realidad de un yo intrínseco en base a los agregados, sea idéntico o completamente distinto a ellos, uno fracasará. Sin embargo, puesto que los agregados comprenden la totalidad de los fenómenos condicionados, a menos que uno pueda hacer eso, cualquier intento de establecer un yo, está condenado a fracasar. En resumen, uno solo puede concluir que no hay yo que sea distinto a los agregados pero, no obstante, tampoco hay un yo que sea idéntico a ellos, por las razones mostradas anteriormente.

II. Ausencia de existencia intrínseca de los fenómenos

No obstante, es insuficiente reconocer simplemente la ausencia de una entidad intrínseca en la persona, en el yo individual. Si uno permanece en este punto, el apego y la aversión a los fenómenos internos y externos, que siguen siendo malinterpretados como existentes intrínsecamente, puede surgir. En consecuencia, uno debe esforzarse para darse cuenta de que todo fenómeno, no solo el yo individual, carece de naturaleza intrínseca, siendo así sin esencia y totalmente desprovisto de cualquier "entidad intrínseca" a la que poder aferrarse. Como Chandrakirti afirmó:

> La ausencia de existencia intrínseca es enseñada para la
> liberación de los seres. Los fenómenos y la persona
> individual son las dos etapas. En consecuencia,
> el Maestro enseñó a sus discípulos según estas dos etapas.[87]

En los tratados Madhyamaka compuestos por los grandes Maestros de la India, cinco argumentos lógicos, que le permiten a uno establecer la vacuidad de los fenómenos, han sido presentados:

1. Los "fragmentos vajra".
2. Refutar el origen a partir de la existencia o la no existencia.
3. Refutar el origen a partir de las cuatro posibilidades.
4. La libertad de la singularidad o la multiplicidad.
5. El razonamiento de la dependencia.

En el sistema Svatantrika, estos cinco métodos se asumen como postulados independientes, mientras que los Prasangikas los definen como argumentos que dependen del razonamiento propuesto por los adversarios filosóficos y que, sin embargo, su función es la de reducir al absurdo cualquier posición mantenida por tal adversario. Uno puede notar aquí que, mientras que algunos pensadores del Tíbet sostienen una distinción filosófica mayor entre estos dos sistemas, la mayoría de Maestros Sakya han localizado la diferencia entre ellos que consiste en, principalmente, sus diferentes métodos de argumentación como se ilustra en su particular acercamiento a estos cinco pruebas lógicas.

Así pues, los Svatantrikas argumentan que el seguidor de un sistema no Madhyamaka que, inmediatamente, no sostiene que todo fenómeno esté vacío de naturaleza intrínseca, puede ser convencido por la verdad de la vacuidad con pruebas que dependan de aserciones independientes. Dicha prueba se ejemplifica en los siguientes cuatro silogismos, empleados para probar la tesis de que todo fenómeno carece de naturaleza intrínseca por ser dependiente:

> Todo los fenómenos (el sujeto) están vacíos de naturaleza intrínseca (el predicado), porque dependen (la razón), como la oscuridad depende de la luz (el ejemplo).

Como ejemplo del método Prasangika, uno puede seguir la manera en que los "fragmentos diamantinos" son empleados por Chandrakirti en su *Entrando en el Madhyamaka* para imposibilitar cualquier tesis mantenida por un adversario. Dichos adversarios filosóficos son todos los pensadores no

Madhyamakas. Como demostró Chandrakirti, uno debe preguntarles, cómo se supone que los fenómenos que tienen una naturaleza intrínseca pueden originarse, si su modo de originar no puede ser descubierto, la noción misma de que ellos existen y cesan puede ser descartada.

En un intento de replicar esta duda, dichos proponentes de que los fenómenos existen intrínsecamente tienen cuatro alternativas:

1. que una entidad intrínsecamente existente se origina a partir de ella misma;
2. que se origina a partir de una entidad distinta;
3. que se origina a partir de ella misma y de otra; y
4. que se origina sin causas.

a. Si alguien afirma la primera de estas alternativas, como hacen los seguidores del sistema Samkhya y otros, cae en el error de que dicho modo de origen aseguraría una interminable reduplicación de entidades, negando así el cambio que realmente caracteriza al mundo. Como se dice en *Entrando en Madhyamaka:*

Si uno afirma que una cosa ya producida puede ser otra vez producida, no habría producción de un "brote" puesto que la "semilla" nunca dejaría de existir, hasta el fin del samsara.[88]

Sin embargo, dicha teoría del origen sería contradictoria a la razón, puesto que igualaría a la causa con el efecto:

Si la semilla y el brote no son diferentes como mantenéis,
entonces, si uno no puede ver la semilla,
¿cómo podría ver el brote? Si son lo mismo,
uno debería verlos al mismo tiempo.[89]

Si este fuese el caso, la consiguiente consecuencia, descrita en *Entrando en la carrera del Bodhisatva,* necesariamente sucedería:

> Si el efecto estuviera en la causa,
> comer comida sería como comer excrementos.[90]

b. Muchos pensadores, incluyendo teístas, materialistas, Vaibhasikas, Sautantrikas y Chittamatrins, afirman de varios modos que una entidad intrínsecamente existente puede originarse a partir de otra entidad intrínsecamente distinta. Sin embargo, al afirmar dicha posición, se incurre en la falta de que, si este tipo de origen ocurre entre entidades no relacionadas, ninguna entidad puede surgir de otra entidad, violando así la continuidad que existe entre causa y efecto. Como se dice en *Entrando en el Madhyamaka*:

> Si una entidad es producida por otra entidad,
> cualquier fruto podría surgir de cualquier causa,
> como la oscuridad surgiendo de las llamas del fuego.[91]

Así pues, sea la afirmación de un teísta que sostiene la creación del mundo por un dios creador, la afirmación materialista referida a que materia no consciente pueda producir consciencia sin forma, de los Vaibhasikas y Sautantrikas sosteniendo que, después de que un momento de consciencia distinto cesa, surge otro momento de consciencia o de los Chittamatrins afirmando la existencia de una mente intrínsecamente existente como base de todo, violan este principio.

c. La tercera alternativa ofrecida por algunos oponentes sería la afirmación que una entidad intrínsecamente existente se origina tanto a partir de ella misma como de cosas que son distintas de ella misma. Sin embargo, dicha proposición incurre en una doble falacia, ya que estos dos modos de origen ya han sido refutados. Como dijo Chandrakirti:

> El origen de ambos es inadmisible porque las faltas
> de los dos ya han sido explicadas.[92]

d. La cuarta y última alternativa es argumentar, como ya han hecho los Charvakas y otros escépticos, que los fenómenos se originan sin ninguna causa. Sin embargo, un modo así, arbitrario y caótico, como origen de las cosas es completamente contradictorio a nuestra empírica observación de cómo funciona el mundo. Como se dijo en *Entrando en Madhyamaka*:

> Si el mundo estuviera vacío de causas,
> un cielo de flores tendría perfume y color.
> De hecho, el mundo es percibido en su variedad.
> Reconoce que el mundo depende de causas.[93]

Así pues, uno no puede de ningún modo establecer el origen de una entidad intrínsecamente existente. Llegados a este punto uno debe preguntar: entonces, ¿cómo surgen los fenómenos? En respuesta a eso, Chandrakirti declaró:

> Los fenómenos no surgen ni sin causa ni desde una causa
> tal como Dios, de sí mismo, de otro o de ambos,
> sino a través de la dependencia.[94]

A partir del nexo de la interrelación de causas y condiciones, ninguna de las cuales existe inherentemente, surgen los fenómenos, que no son ni distintos ni diferentes de sus causas y condiciones, igual que la vida futura cuando surge de la interacción del esperma, el óvulo y la consciencia vinculada. Así uno no puede detectar ninguna entidad, como una entidad intrínseca, inamovible que existe inherentemente. Sin embargo, al mismo tiempo, no es necesario negar la manifestación del crecimiento dependiente de los fenómenos, como en el caso del proceso del renacimiento. Cuando se reúnen las condiciones apropiadas, los fenómenos aparentes son producidos en dependencia de esta asamblea, así como uno ve en los ejemplos de un reflejo que aparece en un espejo o el reflejo de la luna en una charco de agua. Chandrakirti dijo:

> Los fenómenos vacíos, igual que los reflejos, surgen en
> dependencia del conjunto de causas y condiciones.
> De reflejos vacíos y demás surge una consciencia
> que percibe una imagen.[95]

Ahora bien, podría afirmarse que, al mantener la ausencia de existencia intrínseca de todo fenómeno, uno está en realidad estableciendo una mera "nada" como la naturaleza de la realidad. Si este fuese el caso, uno habría caído en el extremo del nihilismo. Sin embargo, Nagarjuna y sus hijos espirituales llamaron repetidamente a su sistema el "Madhyamaka", precisamente porque no se desviaba hacia los extremos. Parece que aquellos que pueden caer en un vacío parcial son aquellos que no entienden la unión de la verdad última y la convencional, la vacuidad y el surgimiento dependiente, que es el corazón de las enseñanzas de Buda y del pensamiento de Nagaryuna. Como se dice en *Carta a un amigo:*

> Este surgimiento dependiente es el más profundo
> y preciado de los tesoros que legó el Conquistador.
> Quienquiera que vea el surgimiento dependiente
> tiene la visión más elevada ya que conoce la realidad
> como lo hace el Buda.[96]

Así la verdad convencional, que es la apariencia del fenómeno carente de existencia intrínseca gracias al surgimiento dependiente, y la verdad última, que es la vacuidad de la naturaleza intrínseca de todo fenómeno, precisamente porque solo surge en dependencia, son una unidad. Si bien la vacuidad y el surgimiento dependiente son "aislamientos" diferentes, cada uno oponiéndose a ideas equivocadas particulares, en el análisis final comparten una realidad.

C. El Madhyamaka libre de todos los extremos

Aunque estos medios para abandonar la creencia en la existencia intrínseca de los fenómenos son asombrosos, es insuficiente como comprensión de la verdadera importancia del Madhyamaka. El significado final del Madhyamaka debe ser comprendido a partir de la siguiente declaración de Gorampa Sönam Sengge:

> Puesto que el propósito Madhyamaka es abandonar cualquier tipo de extremos así como cualquier tipo de definiciones, está libre de cualquier extremo como la existencia y la no existencia, pensar o no pensar.[97]

Así pues, si habiendo rechazado la creencia en la realidad de las cosas, uno se aferra a la vacuidad como una realidad intrínseca, uno estará atrapado por un concepto nihilista muy sutil en el cual uno habrá combinado la vacuidad con el extremo de la no existencia. En su lugar, uno debe rechazar todo aferramiento a los conceptos, incluso a la noción de la visión de Madhyamaka como constituyendo una posición. Como declaró Jetsün Drakpa Gyaltsen:

> Aquello que es libre de extremos va más allá del reino
> del discurso. "Madhyamaka" y "Chitamatra"
> y demás son expresiones, discursos y palabras.
> Están conceptualizando pensamientos. [98]

El vacío que es una negación no afirmativa, constituido por los dos tipos de ausencia de existencia intrínseca mostradas anteriormente, y así llamada porque la vacuidad es reconocida tras un análisis como una ausencia de existencia intrínseca en el fenómeno, no debe ser confundida, sin embargo, con la visión definitiva de la naturaleza verdadera de la realidad, caracterizada con el término "libre de todo extremo". Más bien es una realidad última "conformada" o "categorizable" en la que la vacuidad es aprehendida como un objeto mental conocido a través de la designación lingüística "vacuidad" y a la que se llega tras deconstruir la noción de existencia intrínseca del fenómeno.

Este tipo de realidad última es, pues, el objeto de una mente que solo ha abandonado parcialmente las elaboraciones pero no las elaboraciones de "vacuidad". Ciertamente, aunque muchos Maestros eminentes hayan defendido solo este tipo de vacuidad, parece que muchos de los que siguieron este sistema corren algún riesgo de aferrarse a lo último como una mera no existencia, como el omnisciente Gorampa puntualizó.

Es la vacuidad que no afirma nada, constituida por los dos tipos de carencia de existencia intrínseca, que es el sujeto bajo consideración, cuando se dice en *La perfección de la sabiduría* que "la vacuidad es la madre común de las tres carreras': la shravaka, la pratyekabuda y la del bodhisatva. De hecho, sin comprender esta vacuidad, el logro del estado de un arhat sería imposible para los shravakas o pratyekabudas. Así pues, aunque las escuelas de principios Vaibasikas y Sautantrikas afirmen la existencia intrínseca de los fenómenos, sus seguidores, quienes aspiran a obtener el nivel de un arhat, deben contemplar la vacuidad hasta cierto punto.

Sin embargo, si uno va a argumentar que, al comprender este tipo de vacuidad, los arhats comprenden la verdadera naturaleza de la realidad, uno estaría argumentando que no hay diferencia entre la comprensión experiencial de la realidad de un arhat y la de un Buda. En este caso, habría pocos motivos por los cuales se expuso el Vehículo Mayor. De hecho, se enseña en los sutras que los arhat en los senderos shravaka y pratyekabuda solo han eliminado uno de las dos obscuraciones que ocultan la naturaleza de buda, aquella conformada por las emociones aflictivas, pero no han eliminado la obscuración de la ignorancia. Así pues, si uno afirma que estos arhats han realmente entendido la naturaleza de la realidad, estaría equivocado. Simplemente han entendido que la vacuidad es una negación no afirmativa y concluyen que el yo y los cinco agregados sobre los cuales se imputa, carecen de realidad. Sönam Sengge declaró:

> La vacuidad que se explica en el sistema shravaka es la vacuidad que es una negación no afirmativa. No obstante, hay una gran diferencia [con el Vehículo Mayor].[99]

En contraste con los senderos menores, en el sendero el bodhisatva uno logra la realidad última no categorizable, la comprensión de la realidad no conceptualmente elaborada, en la cual uno se da cuenta de que todas las afirmaciones sobre la realidad, como la existencia intrínseca, o la no existencia intrínseca, los dos, o cualquier otra posibilidad, son solo etiquetas conceptuales sobre aquello que está más allá de cualquier etiqueta. A través de esta sabiduría no elaborada, se elimina el oscurecimiento que impide el conocimiento, y dicha eliminación no puede ser completada en los senderos de los shravakas y los pratyekabudas. Si uno niega esta realización particular del sendero del bodhisatva y, en consecuencia, afirma que la vacuidad realizada por los shravakas y pratyekabudas es la misma que la realizada por los bodhisatvas, minaría severamente el sendero del bodhisatva, ya que, si bien hay otras distinciones entre los dos senderos, como la bodhichita, las seis perfecciones y la dedicación del mérito, la principal diferencia es la comprensión de la verdadera naturaleza de la realidad del Vehículo Mayor.

Respecto a eso, algunos han argumentado que es solo en el octavo nivel del bodhisatva, logrado al principio del tercero de los tres eones por el cual uno ha debido seguir el camino, que un bodhisatva alcanza la experiencia definitiva de la irrealidad de los fenómenos. Sin embargo, argumentar, como también hacen, que los shravakas y pratyekabudas realizan la misma vacuidad que el bodhisatva, les deja en una posición insostenible, puesto que en los senderos shravaka y pratyekabuda, el estado de un arhat puede obtenerse en tres vidas tomando la determinación de hacerlo. Como declaró Sönam Sengge:

> La afirmación que dice que un arhat shravaka ha borrado
> totalmente la creencia en la realidad de los fenómenos,
> mientras que los bodhisatvas no lo hacen
> hasta que alcanzan el octavo nivel, es una denigración
> del Vehículo Mayor.[100]

Si el reconocimiento de un arhat de la vacuidad de los fenómenos es la misma que la realización de la naturaleza definitiva de la realidad que surge en un bodhisatva en el octavo nivel, la consecuencia sería que, habiendo alcanzado rápidamente el estado de un arhat, podría así pasar directamente al octavo nivel bodhisatva y, en consecuencia, sortear los dos primeros eones del entrenamiento del bodhisatva. Afirmar dicha teoría sería, sin embargo, como dijo Sönam Sengge, dañar el Vehículo Mayor y dejar en innecesario su entrenamiento.

Así, uno debe aceptar que la realidad última definitiva y no categorizable, el Madhyamaka libre de todo extremo, es propio del Vehículo Mayor y es definitivamente realizado solo por bodhisatvas del primer nivel en adelante. Sin embargo, aunque su definitiva realización pertenece solo a los bodhisatvas que han alcanzado los niveles, los principiantes del sendero deben hacer que sea el objetivo de su entrenamiento como modo de plantar las semillas para lograr su auténtica realización.

Llegados a este punto, algunos podrían argumentar que, al describir la vacuidad no afirmativa ésta no es la realización definitiva de lo último, la visión de uno se vuelve idéntica a lo que expresa Dölpopa Serpa Gyaltsen y otros filósofos del sistema de "vacuidad extrínseca", criticada exageradamente por muchos Maestros tibetanos en nombre de la escuela Prasangika. En respuesta a esta carga, uno debe admitir que parece que exista, ciertamente, un cierto parecido entre el sistema de la vacuidad extrínseca y nuestra visión Madhyamaka, particularmente cuando, en el contexto de exponer el vajrayana, este último se expresa como la unión de la luminosidad y la vacuidad, que al ser la naturaleza de la mente es el "linaje causal de la base de todo", la base del samsara y el nirvana.

Sin embargo, a pesar de la sutileza del sistema de la vacuidad extrínseca y de los logros yóguicos de sus adherentes, es opinión de la mayoría de Maestros Sakya que se puede delinear una clara distinción. Por lo que respecta a eso, es bien conocido que, tomando las palabras de Maitreya en *La Suprema Continuidad* como significado directo, Dölpopa y otros han afirmado que la naturaleza última de la vacuidad, a la vez que está vacía de cualquier fenómeno extrínseco condicionado, posee las cuatro cualidades de, permanencia, pureza, bendición y identidad. Sin embargo, afirmando eso, uno parece que reduzca lo último que, por su naturaleza, debe ser incondicionado, a una entidad condicionada. Haciendo eso, uno se desvía de la precisa visión Madhyamaka de la realidad última no elaborada afirmando una vacuidad que, contradictoriamente, tiene las características de existencia intrínseca.

Así pues, dicha teoría no puede identificarse con la realidad última no elaborada de nuestra Madhyamaka libre de los extremos. Como dijo el Señor del Dharma, Sakya Pandita:

> La existencia y la no existencia no pueden ser atribuidas
> a la verdadera naturaleza del fenómeno.[101]

Y Ngakwang Lekpa dijo:

> Atribuir características a la realidad es simplemente
> dar nombres a aquello que es percibido
> por la sabiduría espontánea,
> consciente y trascendental.[102]

Capítulo Cinco:

Entrar en el Vajrayana

Sakya Pandita

1. La transmisión del Vajrayana

Las ochenta y cuatro mil enseñanzas impartidas por Buda, fueron dadas de acuerdo a la mentalidad de sus discípulos. Por lo que respecta a eso, las primeras veintiuna mil de estas enseñanzas, que constan de la "cesta" del vinaya (disciplina ética), estaban principalmente relacionadas con el entrenamiento moral, el antídoto a la emoción aflictiva del apego. Las segundas veintiuna mil enseñanzas, las cuales son la "cesta" del sutra (discursos), trataban principalmente la meditación, el antídoto a la emoción aflictiva de la aversión, y el tercer grupo de veintiuna mil enseñanzas, que son la "cesta"del abhidharma (dharma superior), tienen que ver con la sabiduría, el antídoto de la emoción aflictiva de la ignorancia. El último grupo de veintiuna mil enseñanzas comprendían los tantras, la fuente de las escrituras del vajrayana, fueron entregadas como antídoto para las tres emociones aflictivas: la ignorancia, el apego y la aversión.

En el momento de enseñar los tantras, el Buda manifestó la bendecida forma del sambogakhaya de un Buda, dotado de las "cinco certezas" –cuerpo, localización, enseñanza, discípulos y tiempo. Él presentó por vez primera el vajrayana concediendo *El Tantra de Guhyasamaja* al Rey Indrabhuti de Öddiyana, quien solicitó un método para obtener la Iluminación sin la necesidad de abandonar la experiencia sensorial. Al recibir este tantra, el monarca se liberó al mismo tiempo que permanecía en compañía de su séquito de reinas. Mas tarde, tras el traspaso del Buda, al igual que los sutras del Vehículo Menor fueron completados por los quinientos arhats y los sutras del Vehículo Mayor fueron completados por los bodhisatvas, *El Guhyasamaja* y otros tantras fueron completados por Vajrapani, el noble de los secretos, y fue preservado en países como Öddiyana y Shambala antes de ser diseminados más ampliamente en India por grandes sidhas como Luipa, Nagaryuna, Chilupa y Virupa.

Posteriormente, entre los siglos ocho y trece, muchos tantras y sus ciclos de instrucción fueron propagados en el Tíbet por diversos Maestros indios y sus discípulos tibetanos. La tradición Sakya, en particular, se convirtió en sustentante de un verdadero océano de dicha enseñanza tántrica. Sin embargo, acentuó en particular la transmisión de cinco deidades principales y sus ciclos: Vajrakilaya derivada del linaje del siddha Padmasambava; Hevajra del linaje de Virupa; Guhyasamaja del linaje de Nagarjuna; Vajrayoguini del linaje de Narotapa y Mahakala del linaje de Varendraruchi. Mientras que la primera de estas fue recibida en el siglo ocho directamente de Padmasambava por Lui Wangpo, el ilustre vástago del clan Khön, y en consecuencia se ubica en el periodo de la "transmisión primeriza" de los tantras en el Tíbet, las cuatro últimas fueron todas recibidas en la escuela Sakya por el pariente de Lui Wangpo, Sachen Künga Nyingpo, en el siglo doce y en consecuencia forma parte de la "última transmisión" de los tantras. Es por esta razón que los Sakya, junto con la tradición Kagyu y Gelug, se clasifican como "nueva escuela de tantra".

2. La relación entre el Vajrayana y otros vehículos

Si bien todo el mundo entra en el Dharma por la puerta común de la toma de refugio en las Tres Joyas, dos tipos de practicantes son distinguidos entre los seguidores de Buda: aquellos que desean practicar el Dharma principalmente para su propio beneficio y aquellos que desean practicar el Dharma principalmente para el beneficio de los demás. Como ha sido explicado anteriormente, en respuesta al primer tipo de practicantes, el Noble Buda dio la enseñanza conocida como el Vehículo Menor, un sistema de entrenamiento por el cual uno puede lograr la liberación individual. Sin embargo, para el segundo tipo de practicantes, el Buda dio la enseñanza del Vehículo Mayor, un extenso y profundo método de práctica, por el cual uno puede lograr el estado de la Budeidad para el beneficio de todos los seres. La motivación que anima a aquellos que han elegido entrar en este segundo vehículo es la bodhichita, una intención de altruismo total que causa la necesidad de esforzarse por conseguir la Budeidad para liberar a todos los seres de la existencia cíclica.

El Vehículo Mayor se divide en dos sub-vehículos: el paramitayana y el vajrayana. Aunque la motivación para la práctica, la visión de la realidad y el objetivo que ha de ser conseguido, son comunes a estos dos sistemas, existe una diferencia principal entre ellos en lo que respecta a su modo de práctica y la duración de sus senderos.

El primero de estos sistemas se llama "paramitayana", ya que las prácticas principales a lograr son las seis perfecciones —la generosidad, la disciplina moral, la paciencia, el esfuerzo, la meditación y la sabiduría, expuestas por el Buda en los extensos sutras del Vehículo Mayor. Como ha sido subrayado anteriormente, a través de dichas practicas, llevadas a cabo a lo largo de muchas vidas, uno completa las dos "acumulaciones" de la sabiduría y el mérito y las semillas casuales que, finalmente, brotarán en el logro de los dos cuerpos de un Buda: el dharmakaya ("el cuerpo de verdad"), gracias al cual uno logra su bienestar, y el rupakaya ("el cuerpo de la forma"), gracias al cual se logra el bienestar de los demás. El tiempo más corto posible en el que dicho resultado puede obtenerse según este sistema es de tres eones. Este método de progresión gradual e incremental es la razón por la que el "paramitayana" es, a menudo, designado como el "vehículo causal".

En contraste, el segundo sistema, el vajrayana, hace posible el logro de la Budeidad en una vida. Esto es así porque en el vajrayana, en lugar de intentar acumular los factores causales que producirán la Iluminación en un futuro distante, uno practica con el entendimiento que el objetivo de la práctica, el estado de Buda, ya está presente, en un sentido, en el continuo mental de uno mismo. Así pues, el vajrayana puede ser descrito como el "vehículo del fruto" en contraste con el paramitayana, el cual es conocido como el "vehículo causal".

3. Las características especiales de Vajrayana

El Vajrayana es así llamado porque, confiando en sus métodos, el cuerpo, el habla y la mente de uno, aparentemente ordinarios, son transformados en la indestructible realidad del cuerpo, habla y mente de un Buda vajra – una transformación posible por el hecho mismo de que estas potencialidades nirvánicas están latentes en el continuo mental y samsárico de los seres.

Acerca de esta característica transformativa del vajrayana, Lopön Sönam Tsemo dijo:

> Al principio, hasta que se haya desarrollado la bodhichita,
> uno se entrena del mismo modo que en el paramitayana.
> Después, en el momento de dejarle entrar en el mandala
> y concederle las iniciaciones, el Maestro vajra bendice
> el cuerpo, el habla y la mente de su estudiante
> para que se conviertan en el cuerpo,
> habla y mente vajra de los Budas. [103]

El término "tantra", utilizado para designar las fuentes de escritura del vajrayana, también ilustra los rasgos especiales de este sistema. Como dijo Lopön Sönam Tsemo:

> El "tantra" significa el continuo de la mente no dual,
> que existe desde tiempo sin principio en una continuidad
> indestructible hasta el momento de la Budeidad. [104]

Así, tanto en los seres conscientes ("la fase de la base") como en los Budas ("la fase del fruto") existe la misma naturaleza de la mente, la no dualidad de la luminosidad y vacuidad. Al ser esto así, no hay una discontinuidad radical entre la mente de un Buda y la de un ser ordinario. Como dice *El Tantra de Hevajra:*

Todos los seres son Budas pero están temporalmente oscurecidos. Cuando estas obscuraciones son eliminadas, son Budas. [105]

Así pues, el rasgo que distingue a los Budas de los seres ordinarios es la presencia o ausencia, respectivamente, de la sabiduría trascendental que elimina las obscuraciones de las emociones aflictivas y la ignorancia, que actualmente velan nuestra mente. Este conocimiento surge durante la "fase del sendero", donde uno recibe y practica los medios hábiles maduradores y liberadores del vajrayana. Cuando la mente se encuentra con las condiciones apropiadas del sendero de este modo, la Budeidad aparece. Como dijo Sönam Tsemo:

Como una semilla que descansa en un recipiente,
si la mente de uno, aunque en el presente
no realizada como la realidad de un Buda,
se encuentra con los medios hábiles,
la Budeidad surge como fruto. [106]

Entre los muchos habilidosos métodos enseñados en los tantras, el mantra ocupa un lugar particularmente importante, ya que en el proceso de realizar el yoga de la deidad, la práctica vajrayana principal, uno obtiene las cualidades de la deidad evocada a través de la recitación del mantra. Por lo tanto, el sistema puede también ser conocido como "el vehículo del mantra".

Para explicar el significado del término "mantra", *El Tantra de Guhyasamaja* emplea la siguiente etimología:

> Cualquier mente surge de las condiciones secundarias
> de las facultades sensoriales y de los objetos,
> es explicada como "man". El significado de "tra" es
> protección. Esta protección de la mente se explica como
> la acción de los mantras. Al liberarse de las acciones
> mundanas, las promesas son guardadas.[107]

Además, el vajrayana a menudo es referido como el "vehículo del mantra secreto" por el hecho de que sus enseñanzas, métodos y objetos sagrados no son para ser revelados a aquellos que carecen de las iniciaciones, votos y promesas requeridas. Hoy en día, hay algunos que han desechado esta discreción pero, puesto que fue aconsejada por practicantes en los tantras mismos, parece que comportarse de dicho modo es rechazar la guía del Buda omnisciente, invitando así al desprecio del sabio.

Sobre aquellos que omiten el requisito del secretismo, Jetsün Drakpa Gyaltsen dijo:

> Dichas personas solo parecen ser Maestros vajra.
> O bien son ignorantes e incapaces de realizar cualquier
> esfuerzo real o quieren fama y no tienen escrúpulos
> sobre cómo la logran. Tales actitudes no se ajustan
> a lo que se enseñó en las palabras del Buda
> o en los grandes tratados.[108]

4. Las cuatro superioridades del vajrayana

El Maestro indio Tripitikamala expresó las cuatro maneras en las cuales el vajrayana es superior a los vehículos no tántricos en el siguiente verso:

> Teniendo el mismo objetivo pero estando libre de confusión,
> es rico en significados hábiles y sin dificultades.
> Es para aquellos de agudas facultades.
> El vehículo del mantra es sublime.[109]

A. *No confuso en su intención de reconocer la visión*

No solo hay una misma identidad en motivación y objetivo entre el paramitayana y el vajrayana sino que, también, la visión filosófica presentada en el vajrayana es idéntica a aquella sostenida en el mahayana ordinario. En ambos sistemas se acepta que la verdadera naturaleza de la realidad se encuentra libre de los extremos, como los explicaron los profundos Maestros de la escuela de principios Madhyamaka de la India y el Tíbet. Efectivamente, si uno tuviera que afirmar que una visión superior a esta naturaleza de la realidad no elaborada existiera en el vajrayana sería, necesariamente, una visión elaborada, inventada, y en consecuencia, no definitiva. Como Sakya Pandita dijo:

> Si existiera una visión superior a la visión no elaborada
> del paramitayana, esa visión estaría poseída
> por la elaboración. Si son no elaboradas,
> carecen de diferencia alguna.[110]

Sin embargo, aunque la visión es una y la misma en los dos sistemas, es más fácil de reconocer en el vajrayana. Mientras que en paramitayana, el único medio de descubrir la naturaleza de la realidad es el análisis indirecto y aproximado, tal y como se presenta en la escuela de principios Madhyamaka, en el vajrayana, a través de medios como el descenso de bendiciones en el momento del "ejemplo" de la sabiduría, uno es capaz de reconocer la verdadera naturaleza directamente sin necesidad de meditación conceptual. Lopön Sönam dijo:

> Si, en el momento del descenso de la sabiduría
> trascendental en la tercera iniciación y demás,
> nace la sabiduría trascendental en su continuo mental,
> los seguidores del "mantra secreto" genuinamente
> reconocen lo no elaborado.[111]

B. Riqueza en medios hábiles

El vajrayana supera a los vehículos no tántricos desde la perspectiva de los métodos hábiles que proporciona para el logro de objetivos mundanos y trascendentales. Por ejemplo, para adquirir factores beneficiosos como la riqueza y la longevidad, el mahayana ordinario ofrece métodos como la generosidad y proteger la vida. No obstante, aunque estas sean acciones virtuosas, deben ser practicadas durante largos períodos de tiempo y con gran asiduidad para producir el fruto requerido en futuras vidas.

Por el contrario, en el vajrayana hay numerosos métodos para obtener estos poderes (siddhis) muy rápidamente; eso incluye técnicas como meditar en deidades de la riqueza como Dzambhala o Ganapati o meditar en deidades de longevidad como Tara Blanca, Amitayus o Vijaya. Además, para el rápido desarrollo de cualidades como la sabiduría, la compasión y el poder, el vajrayana proporciona medios como meditar en Manjushri, Avalokitesvara y Vajrapani.

Similarmente, para lograr el objetivo último de la Iluminación, los medios ofrecidos en el vehículo no tántrico son los métodos lentos y graduales de la acumulación de méritos y sabiduría. Sin embargo, en el tantra annutara del vajrayana, uno se equipa con las profundas técnicas del sendero de generación y consumación del yoga de la deidad, que pueden guiarnos a la Budeidad en esta vida.

C. Sin dificultades

El tercer factor que establece la superioridad del vajrayana sobre los vehículos no tántricos, es que el primer sistema puede ser practicado sin las dificultades ocasionadas por la austeridad y el ascetismo. Mientras que en los vehículos ordinarios es necesario contener los sentidos de uno mismo por la fuerza para poder desarrollar desapego hacia objetos que son, de lo contrario, la causa de nuestro "enredo" en el samsara, en el vajrayana dicha contención no es necesario que sea utilizada. En su lugar, confiando en el yoga de la deidad, todos los objetos de los sentidos son transformados en ayudas para la Iluminación y utilizados como parte del mismo sendero. Lopön Sönam Tsemo explicó:

> Puesto que las paramitas son el camino de la austeridad
> y la labor ardua, hay grandes penurias.
> El seguidor del "mantra secreto" logra la Iluminación
> con acciones fáciles.[112]

D. *Practicado por aquellos que tienen afiladas facultades*

La cuarta y última superioridad de vajrayana es que debe ser practicado por aquellos dotados de agudas facultades. La inmensa duración del sendero paramitayana ya ha sido mencionada pero, en el vajrayana, por contraste, es tanta la agudeza de sus practicantes que el estado de la Budeidad se puede alcanzar en esta misma vida. Sakya Pandita lo explicó así:

> Así como una cosecha madura gradualmente a través
> del logro adecuado de labrar, la completa iluminación es
> cosechada a través de tres incalculables eones de práctica,
> si uno se embarca en el sendero del paramitayana.
> Las semillas plantadas a través del sistema del mantra
> maduran en un solo día. Si uno conoce los métodos
> de vajrayana, la Budeidad se logra en esta misma vida.[113]

5. Los cuatro grupos de tantras

Los eruditos indios y tibetanos han propuesto varios modos de catalogar los tantras pero la mayoría de Maestros de las tradiciones Sakya, Kagyu y Gelug siguen *El Tantra de Vajra Panjara* donde se distinguen cuatro grupos de tantras: kriya (actividad) tantra, charya (conducta) tantra, yoga tantra y anuttarayoga (yoga supremo) tantra, cada cual contienen innumerables métodos para meditar en las deidades emanadas por Buda para conceder bendiciones. Como se dice en *El Vajra Panjara:*

> Para el practicante inferior el tantra kriya fue enseñado;
> Para aquellos que son superiores el charya
> tantra fue enseñado;
> Para seres supremos el yoga tantra fue enseñado;
> Y para aquellos aun más supremos los anuttara
> tantras fueron enseñados. [114]

El kriya tantra pone un gran énfasis en técnicas relacionadas con las actividades de los rituales y de la pureza. El segundo grupo, el charya tantra, comparte algunas características con el grupo anterior y algunas con el tercero, el yoga tantra. Esta tercera categoría es orientada, primordialmente, hacia la meditación más que a las actividades. Finalmente, el cuarto grupo, el anuttarayoga, también acentúa la meditación pero, además, posee las técnicas supremas de las etapas de generación y consumación completas, que hacen posible el logro de la Budeidad en una vida.

Se deben distinguir tres líneas en el anuttarayoga: "madre", "padre" y "no duales". La característica primordial de tantras de la línea madre como Chakrasamvara es su énfasis en la sabiduría. La característica específica de la línea de tantras padre como Guhyasamaja es su énfasis en los medios hábiles. Finalmente, los tantras no duales como Shri Hevajra y Kalachakra ponen el mismo énfasis en la sabiduría que en los medios hábiles.

6. Los medios para entrar en el vajrayana

El único modo de entrar en vajrayana es a través de la iniciación impartida por un Maestro tántrico. Como se dice en el *Tantra Mahamudratilaka:*

> Sin iniciación, uno no puede obtener poderes, así como
> tampoco se puede extraer mantequilla de la arena.[115]

Y Sakya Pandita dijo:

> Para aquel que entra en vajrayana,
> no hay otra enseñanza que la iniciación.[116]

Sabiendo que esto es así, las consecuencias de intentar
practicar vajrayana sin antes haber obtenido la iniciación,
son muy graves. Sobre este punto, Jetsün Drakpa Gyaltsen
comentó:

> Aunque uno tenga fe en el vajrayana, si no ha madurado a
> través de la iniciación y, a pesar de ello, procede a practicar
> la profunda meditación, el resultado no irá más allá de los
> reinos inferiores. Por lo tanto, uno debe en primer lugar
> recibir la iniciación de un Lama cualificado.[117]

Por el contrario, gracias al poder madurador de la iniciación, uno se capacita para practicar el yoga de la deidad en
la cual ha sido iniciado. Dicho yoga de la deidad constituye
el principal de los medios hábiles que se encuentran en el
vajrayana para la obtención de los poderes mundanos y
trascendentales.

Con respecto a la naturaleza real de una iniciación, Sakya
Pandita dijo:

> La Iniciación es el nombre de la técnica para convertirse
> en un ser Iluminado en esta vida una vez han sido plantados
> las semillas de la Budeidad dentro de los agregados,
> elementos y bases sensoriales.[118]

Uno ha de saber, no obstante, que una iniciación debe ser
un auténtico ritual que derive de los tantras y no un ritual
que provenga de la fantasía personal de algún "supuesto"
maestro. Solo una auténtica iniciación llevada a cabo según

los tantras, establece la apropiada conexión interdependiente con los cuerpos de un Buda. Así, la principal forma de iniciación es "la concesión de poder" (abhisheka) llevada a cabo en el mandala de una deidad de cualquiera de los cuatro grupos de tantras. Después de dicha "concesión de poder", uno puede recibir la iniciación del permiso de otras deidades pertenecientes a ese grupo particular de tantra y, si hemos recibido la "concesión de poder" en el mandala de una deidad de la "línea de la madre" del anuttara como Chakrasamvara, la iniciación de la bendición de la diosa Vajrayoguini. Tras la iniciación uno debe recibir también la transmisión leída y la instrucción relevante al yoga de la deidad que uno desea desarrollar.

Huelga decir que es esencial que el Maestro del cual uno debe recibir la iniciación, posea las calificaciones requeridas. Con respecto a esto, *Los Cincuenta Versos sobre el Guru* describen las características generales del Maestro vajra que proporciona iniciaciones, de la siguiente manera:

> Uno que es estable, disciplinado, inteligente,
> Tolerante, sincero, sin engaños,
> Conoce la aplicación de los mantras y los tantras,
> Posee afecto, erudito de las escrituras.[119]

Las principales actividades de un Maestro vajra son proporcionar iniciaciones, explicar los tantras y dar instrucciones orales para la práctica. Como dijo Jetsun Drakpa Gyaltsen:

> Siempre y cuando el Lama nos proporcione iniciaciones, la
> explicación de los tantras y las instrucciones,
> es el Lama triple.[120]

El Maestro vajra debe también poseer un número especial de cualidades como haber recibido la corriente ininterrumpida de la iniciación de sus propios Maestros, haber mantenido los votos y compromisos de los tres vehículos y haber obtenido la realización de las deidades de los cuatro grupos de tantras a través de retiros en los que él ha realizado el número requerido de recitaciones de mantras. Además, no dará iniciaciones o realizará otros rituales tántricos sin el permiso de sus Maestros.

Hoy en día hay confusión con respecto a estos asuntos. Por ejemplo, uno a veces conoce a gente que cree que puede practicar el vajrayana sin haber recibido la iniciación y también oye hablar de gente que afirma poder enseñar el vajrayana sin conocer nada auténtico ni poseer ninguna de las calificaciones requeridas. Se escuchan incluso noticias de personas no cualificadas que "designan" a otras personas para enseñar un falso vajrayana.

7. Votos y compromisos

Como hemos visto antes, en los dos vehículos no tántricos hay votos que el practicante debe mantener para crear la fuerza necesaria y otras condiciones positivas para el logro. En el Vehículo Menor, el voto particular a guardar es el pratimoksha de los seguidores monásticos o laicos. En el Vehículo Mayor, el voto requerido es el del bodhisatva que, habiéndose comprometido a lograr la Budeidad para el bien de todos los seres, debe evitar las varias caídas y pérdidas de bodhichita que destruirían dicho compromiso.

Del mismo modo, en el vajrayana hay votos (samvara) y compromisos (samaya) a mantener. En total, estos votos son los de pratimoksha, bodhisatva y vidyadhara, obtenidos durante una iniciación en cuya parte preliminar, uno reafirma los propios votos pratimoksha y del bodhisatva y, si es una iniciación perteneciente a los dos grupos más elevados del tantra, adquiere el voto vidyadhara. En los dos tantras inferiores, kriya y charya, uno solo adopta los votos pratimoksha y del bodhisatva después de la iniciación pero, si uno recibe una iniciación en el mandala de la deidad de un tantra yoga o anuttara, uno promete evitar las catorce "caídas raíz" y las ocho "caídas secundarias". Las catorce promesas principales del vidyadhara o, como puede llamarse, el voto vajrayana, son los siguientes:

1. No despreciar al Lama.
2. No contradecir las palabras del Buda.
3. No enfadarse con un hermano o hermana vajra.
4. No abandonar el amor por los seres.
5. No abandonar la bodhichita.
6. No criticar la propia escuela o la de otros.
7. No revelar secretos a aquellos que no han madurado (mediante la iniciación).
8. No despreciar el cuerpo de uno mismo, que es de la naturaleza de los Budas.
9. No dudar de la perfecta pureza del fenómeno.
10. No mostrar amor a seres perjudiciales.
11. No comprender a la infinitud de los dharmas como límite.
12. No apartar de la fe a los demás.
13. No negarse a confiar en las sustancias prometidas.
14. No menospreciar a las mujeres, cuya naturaleza es la sabiduría.

Si bien las promesas de los votos vidyadhara son específicas solo para ciertas iniciaciones, hay promesas hechas para cada iniciación: algunas propias de todos los grupos de tantras de las cuales deriva la iniciación y algunos son relevantes para la deidad particular. La aceptación de las promesas y votos se afirma durante la conclusión de cada iniciación, en la que uno declara: "Tal y como ha instruido el Maestro, yo también lo haré". Así, aceptar las promesas y votos es un compromiso muy serio hecho delante del Maestro vajra que proporciona esa iniciación.

Las caídas "raíz" son así llamadas porque, si ocurren, destruyen cualquier posibilidad de obtener realización hasta que los votos de uno sean restaurados retomando la iniciación. Las caídas "secundarias", en cambio, obstruyen la adquisición de poderes pero no los hacen del todo imposibles. Las caídas "raíz" y las "secundarias" se explican en tantras como los de *Guhyasamaja*, y los comentarios notables compuestos por Jetsün Drakpa Gyaltsen y Sakya Pandita. El método más efectivo para mantener los votos y las promesas, es ver al Maestro vajra inseparable de la deidad de la cual uno ha recibido la iniciación, puesto que la primera y más grave de las caídas es albergar menosprecio hacia un Maestro vajra. Las demás caídas vienen tras eso.

En la actualidad parece haber un número de ideas equivocadas sobre los votos y promesas. Por ejemplo, uno conoce a gente que cree tener promesas (samaya) que mantener con respecto a personas de las que no han recibido iniciación alguna pero que creen, erróneamente, que son sus Maestros vajra. Los Maestros que han dado el refugio, la ordenación monástica o los votos del bodhisatva son, efectivamente, merecedores de respeto pero uno no tiene una relación tántrica maestro-discípulo, a menos que también te haya dado una iniciación. Así pues, uno no puede tener promesas que mantener hacia ellos y, consecuentemente, uno no puede cometer la primera caída "raíz" del vajrayana con respecto a ellos (y mucho menos con aquellos que, aunque afirmen ser Maestros vajrayana, no tienen calificaciones con respecto a ninguno de los vehículos).

Igualmente, hoy en día hay personas que a pesar de haber recibido iniciaciones no entienden que han establecido una relación Maestro-discípulo con un Maestro vajra. No importa cuántos Maestros te proporcionen iniciaciones, uno tiene una relación tántrica con cada uno de ellos lo cual se expresa, no solo en la aceptación propia de las promesas al final de cada iniciación, sino también en los versos adjuntos de la petición de ser aceptado como discípulo por el Maestro. Este verso es recitado por el receptor en la sección conclusiva de cada iniciación, mayor o menor. Uno debe ser consciente que la mera ignorancia de las promesas no constituye una inmunidad a las consecuencias de cometer caídas, la ignorancia se describe en los textos veraces como la primera de las cuatro causas que pueden provocar una fisura en las promesas de uno, siendo las otras, la falta de concierne, carencia de respeto y la influencia de las emociones aflictivas.

8. El auténtico sendero

Sin embargo, si uno posee una fe genuina en las enseñanzas del Buda, es apropiado tomar refugio y recibir y mantener los votos pratimoksha y del bodhisatva. Con estos votos y con la certidumbre en la visión Madhyamaka como fundamento, uno puede entrar en el vajrayana confiando en un Maestro totalmente cualificado que proporciona iniciaciones, transmisiones e instrucciones. Si uno entonces mantiene los votos vajrayana y las promesas de manera impecable, meditando en las deidades de los tantras inferiores, uno adquirirá diversos poderes como las "cuatro actividades" de pacificar, incrementar, controlar y destruir y a través del yoga de las deidades de tantras anuttara, como los de Hevajra, Vajrayoguini o Guyasamaja, uno alcanzará poderes trascendentales.

Específicamente, mediante el desarrollo del estado de generación uno transformará el orgullo ordinario en orgullo divino y con esto, los agregados, elementos y bases sensoriales de la experiencia personal serán percibidos como el mandala de las deidades. Posteriormente, tras obtener dominio de los canales, los aires y las gotas en el estado de consumación, uno experimentará los cuatro deleites a través de los cuales se contemplará la sabiduría trascendental como una imagen reflejada.

Finalmente, combinando estas dos etapas, que expresan la luminosidad y la vacuidad de la mente, uno experimentará la sabiduría trascendental directamente y, atravesando los cinco senderos y los diez niveles del bodhisatva, alcanzará la Budeidad. Habiendo realizado la mente del gran gozo del dharmakaya mismo, a través de la sucesión de la manifestación de innumerables formas-kayas, uno beneficiará a los seres tan ilimitadamente como el espacio, hasta que el samsara se vacíe.

Este *Lluvia de Claridad* fue completado por Jampa Thaye el 20 de Diciembre del 2004. Fue compuesto básicamente gracias a las maravillosas enseñanzas que escuché de mis amables Maestros. ¡Que todo sea auspicioso!

Notas

Capítulo primero

1. Maitreya, *Theg Pa chen po rgyud bla ma'I bstan bcos*, Rumtek, n.d., p. 6A.

2. bSod nams rTse mo, *Byang chub smes dpa'i spyod pa la 'jug pa'i 'grel pa, en en Sa skya'i bka' bum*, vol. 5, Ngawang Topgay, Nueva Delhi, 1992, p. 467.

3. Maitreya, op. Cit., p. 4 A

4. dKon mchog Lhun grub, *sNang gsum mdzes par 'byed pa'i rgyam*, Phende Rinpoche, Nueva Delhi, n.d., p. 12.

5. Thogs med bZang po, *rGyal sras lag len so bdun ma*, Shes bya gSar khang, Dharamsala, n.d., p.3.

6. bSod names rTse mo, *Byang chub sems dpa'I spyod pa la 'jug pa'I 'grel pa, p. 467*

7. Maitreya, op, cit. p. 4 A

8. Citado en dKon mchog Lhun grub, *rGyud gsum mdzes par 'byed pa'I rgyam*, Phende Rinpoche, Nueva Delhi, n.d., p. 35

9. Sa skya Pandita, *sDom gsum rab tu bye ba'I bstan bcos*, en *Sa skya'i bka 'bum*, vol. 12, p. 54.

10. Sa skya Pandita, *Thub pa'i dgongs gsal*, en *Sa skya'i bka' 'bum*, vol. 10, p. 468.

11. Citado en bSod nams Trse mo, *Byang chub sems dpa'i spyod pa la 'jug pa'i 'grel pa*, en *Sa skya'i bka'.'bum*, p.468.

12. Sa skya Pandita, *Thub pa'i dgongs gsal*, p. 11.

13. Maitreya, op. cit., p. 40 A.

14. ibid.

15. 'jam mgon Mi pham, *La puerta del conocimiento*, vol. 1., Rangjung Yeshe, Budanath, 1997, p. 62.

16. Maitreya, op. Cit. P. 40B

17. 'jam mgon Mi pham, op. Cit., p. 65

18. Sa skya Pandita, Legs bshad rin po che 'i éter, en Sa skya'i bka' 'bum, vol. 10, p. 226

19. Citado en sGam pop a, *Dam chos yid bzhin nor bu thar par in po che 'i rgyan*, Rumtek, n.d., pp. 6ª-6B

20. 'jam mgon Mi pham, *La puerta al conocimiento*, vol. 2, 2000, p.105

21. Sa skya Pandita, *sDom gsum rab tu bye ba'i bstan bcos*, en *Saskya'i bka' 'bum*, vol.12, p7.

22. id., p. 20

23. Sa skya Pandita, *Thub pa'i dgongs gsal*, p. 45.

24. dGe *slong so sor thar pa'I mdo*, en *bKa' 'gyur, vol.ca*, edición Palacio Ladakhi, pp. 9-10.

25. Grags pa rGyal mtshan, *rTsa ba'i ltung ba bcu bis pa'i 'grel pa gsal byed 'khrul spong*, en *Sa skya'i bka' 'bum*, vol. 7, p. 278.

26. 'jam dbyangs mKhyen brtse dBang phyug, *dPal sdom drug pa*, en *Las palabras recopiladas de Vajrayoguini en la tradición Sakya*, vol. 1, Sachen Internacional, Katmandú, 2002, p.96.

27. Sa skya Pandita, *sDom gsum rab tu bye ba'i bstan bcos*, in *Sa skya'i bka' 'bum*, vol. 12, p. 84.

Capítulo Dos

28. 'jam dbyangs mKhyen brtse dBang phyug, op. cit., p. 459.

29. Chandrakirti, *dBu ma la 'jug pa*, Khenpo Appey, Gangtok, 1979, p. 2.

30. Sa skya Pandita, *Thub pa'i dgongs gsal*, p. 23

31. bSod names rTse mo, *Byang chub sems dpa'i spyod pa la 'jug pa'I 'grel pa*, en *Sa skya'I bka' 'bum*, vol. 5, Ngawang Topgay, Nueva Dehli, 1992, p. 476

32. Sa skya Pandita, *sDom gsum rab tu bye ba'I bstan bcos*, en *Sa skya'i bka' 'bum*, vol. 12, p. 27

33. Atisha, *Byang chub lam gyi sgron ma*, n *gDams ngag mdzod*, vol. 3, Delhi, 1979, p. 4.

34. Sa skya Pandita, *sDom gsum rab tu bye ba'i bstan bcos*, en *Sa skya'i bka' 'bum*, vol. 12, p. 29.

35. bSod nams rTse mo, *Byang chub sems dpa'i spyod pa la 'jug pa'i 'grel pa*, en *Sa skya'i bka' 'bum*, vol.5, Ngawang Topgay, Nueva Delhi, 1992, p. 479.

36. Shantideva, *Byang chub sems dpa' spyod pa la 'jug pa*, Rumtek, n.d., p3B-

37. id., p. 13A.

38. id., p. 14B.

39. Citado en sGam pop a, op. Cit., pp. 92B-93A.

40. id., p. 93A.

41. Shantideva, op. Cit., p. 2B.

42. id., p. 3 A

43. Citado en bSod nams rTse mo, *Byang chub sems dpa'i spyod pa la 'jug pa'i 'grel pa,* en *Sa skya'i bka' 'bum,* vol. 5, Ngawang Topgay, Nueva Delhi, 1992, p. 461.

Capítulo Tres

44. Nagarjuna, *mDzad pa bcu gnyis kyi bstod pa,* en *Wa na dial sa skya'i zhal don phyogs bsdus,* Varanasi, 2000, p. 16.

45. Atisha, op. Cit., p. 5.

46. Chandrakirti, op. Cit., p. 6.

47. Citado en dKon mchog Lhn grub, *sNang gsum mdzes par 'byed pa'i rgyam,* Phende Rinpoche, Nueva Delhi, n.d., p. 175.

48. Atisha, op. cit., p.6

49. Chandrakirti, op. cit., p. 12.

50. Shantideva, op. cit., p. 40 A

51. id., pp. 19 A-B.

52. id., p. 25B.

53. Chandrakirti, op. cit., p. 5

54. Citado en sGam pop a, op. cit., p. 104 A

55. Chandrakirti, op. cit., p.7.

56. Nagarjuna, *Shes pa'i springs yg,* en Jamspal, Chosphel y Santina, *Carta de Nagarjuna al rey Gautamiputra,* Motilal Barnasidass, Nueva Delhi, 1978, p. 73.

57. Shantideva, op. cit., p. 27 A

58. Sa skya Pandita, *Legs bshad rin po che'i éter,* en *Sa skya'I bka' 'bum,* vol. 10, p. 231

59. Shantideva, op. cit., p. 27 B

60. id., p. 19 B

61. id., p. 71 A

62. Thogs med bZang po, op.cit., p. 4

63.   Shantideva, op. cit., p. 38B.
64.   Nagarjuna, op. cit. p. 105
65.   id., p. 44B
66.   Shantideva, op. cit., p. 43 B
67.   id., p. 44B
68.   id., p. 45 A
69.   Citado en sGam po pa, op. cit., p 121B
70.   Sa skya Pandita, *sDom gsum rab tu bye ba'i bstan bcos*, en *Sa skya'i bka' 'bum*, vol. 12, p. 31
71.   Shantideva, op. cit., p. 59B
72.   Thogs med bZang po, op. cit., p. 5

Capítulo Cuarto

73.   Chos rgyal 'phags pa *rGyal po la gdams pa* en *Sa skya bka' 'bum*, vol. 15, pp. 293-300
74.   Citado en Sa skya Pandita, *Thub pa'i dgongs gsal*, p. 121
75.   id., p 122
76.   Chandrakirti, op. cit., p. 17
77.   id., p. 18
78.   Sa skya Pandita, *Thub pa'i dgongs gsal*, p. 122
79.   Chandrakirti, op. cit., p. 18
80.   Shantideva, op. cit., p. 59B
81.   Chandrakirti, op. cit., p. 37
82.   Shantideva, op. cit. p 64 A
83.   Chandrakirti, op. cit. p 37
84.   ibid
85.   Nagarjuna, op. cit. p. 87
86.   Chandrakirti, op. Cit. pp. 40-41
87.   id. p. 48
88.   id. p. 14
89.   ibid
90.   Shantideva, op. Cit., p. 70 A
91.   Chandrakirti, op. Cit., p 15
92.   id., p. 31
93.   id., pp. 31-32
94.   id., p. 35

95. id., p. 20
96. Nagarjuna, op. Cit., p. 108
97. bSod nams Senge ge, *lTa ba'i shan 'byed theg mchog gnad gyi zla zer*, Unión de estudiantes Sakya, Varanasi, n. d., p. 23.
98. Citado en 'jam mgon Ngag dbang Legs pa, *'khor 'das dbyer med gyi lta ba'i snying po bsdus pa skal bzang gi bdud rtsi*, manuscritos escritos a mano, n. d., p. 7.
99. bSod nams Seng ge, op. cit., p 80
100. id., p. 84.
101. Citado en 'jam mgon Ngag dbang Legs pa, op, cit. p. 7
102. op. Cit., p 6.

Capítulo Quinto

103. bSod nams rTse mo, *rGyud sde spyi'i rnam par gzhag pa*, in *Sa skya'I bka 'bum*, vol. 3, p 116.
104 id. p. 115
105. Citado en bSod nams rTse mo, *rGyud sde spyi'i rnam par gzhag pa*, en *Sa skya'i bka 'bum*, vol. 3, p 116
106. ibid.
107. Citado en id., p. 30
108. Grags pa rGyal mtshan, *rTsa ba'i ltung ba bcu bis pa'i Grez pa gsal byed 'khrul spong*, en *Sa skya'i bka' 'bum*, vol. 7, p. 306
109. Citado en bSod nams rTse mo, *rGyud sde spyi'i rnam par gzhag pa*, en *Sa skya'i bka' 'bum*, vol. 3, p. 33
110. Sa skya Pandita, *sDom gsum rab tu bye ba'i bstan bcos*, en *Sa skya'i bka' 'bum*, vol. 12, p 58
111. bSod nams rTse mo, *rGyud sde spyi'i rnam par gzhag pa*, en *Sa skya'i bka' 'bum*, vol. 3, p. 34
112. id., p. 35
113. Sa skya Pandita, *sDom gsum rab tu bye ba'i bstan bcos*, en *Sa skya'i bka' 'bum*, vol. 12, p. 46
114. Citado en bSod nams rTse mo, *rGyud sde spyi'i rnam par gzhag pa*, en *Sa skya'i bka'i 'bum*, vol. 3, p 64
115. Citado en Sa skya Pandita, *sDom gsum rab tu bye ba'i bstan bcos*, en *Sa skya'i bka'i 'bum*, vol. 12, p. 38

116. Sa skya Pandita, *sDom gsum rab tu bye ba'i bstan bcos,* en *Sa skya'i bka' 'bum,* vol. 12, p. 38

117. Grags pa rGyal mtshan, *rTsa ba'i ltung ba bcu bis pa'i 'grel pa gsal byed 'khrul spong,* en *Sa skya'i bka' 'bum,* vol. 7, p 367

118. Sa skya Pandita, *sDom gsum rab tu bye ba'i bstan bcos,* en *Sa skya'i bka' 'bum,* vol. 12, p. 43

119. Citado en Tsar chen bLo gsal rGya mtsho, *Shes gnyen dam pa bsten par byed pa'i thabs shlo ka lnga bcu pa'i 'grel pa dngos grub rin po che'i sgo 'byed,* n.d., pp. 847-848-

120. Grags pa rGyal mtshan, *rTsa ba'i ltung ba bcu bis pa'i 'grel pa gsal byed 'khrul spong,* en *Sa skya'i bka' 'bum,* vol. 7, p. 251

Gönpo Gur (Skt. Panjaranatha),
Protector de la tradición Sakya.